Dieta mediterránea para principiantes

Guía completa con 60 deliciosas recetas y un plan de comidas de 7 días para bajar de peso de la manera más saludable

Dieta mediterránea para principiantes

PUBLICADO POR: Mark Evans

Copyright © 2020 Todos los derechos reservados.

Ninguna parte de esta publicación puede ser copiada, reproducida en ningún formato, por ningún medio, electrónico o de otro tipo, sin el consentimiento previo del propietario de los derechos de autor y editor de este libro.

Dieta mediterránea para principiantes

Tabla de Contenidos

Introducción 1

Capítulo 1: La dieta mediterránea 3

Capítulo 2: Consumir la dieta mediterránea 6

Capítulo 3: Los beneficios para la salud de la Dieta Mediterránea 13

Capítulo 4: El estilo de vida mediterráneo 19

Capítulo 5: Compras en el mediterráneo 24

Capítulo 6: Consejos y técnicas para cocinar 31

Capítulo 7: Ideas para incorporar más alimentos de origen vegetal en su dieta 33

Capítulo 8: Consejos para los principiantes 35

Capítulo 9: Planificación de comidas 37

Capítulo 10: Recetas para el desayuno 40

Capítulo 11: Recetas para el almuerzo 57

Capítulo 12: Recetas para la cena 77

Capítulo 13: Aperitivos y bocadillos 99

Capítulo 14: Recetas para ensaladas y sopas 118

Capítulo 15: Pastas y cuscús 136

Capítulo 16: Recetas de postres 158

Conclusión 179

Gracias 180

Dieta mediterránea para principiantes

Introducción

Si busca una forma eficaz de perder el exceso de peso, lograr una mejor salud y longevidad, entonces este libro de la dieta mediterránea es para usted. Este libro trata sobre la dieta y el estilo de vida mediterráneo. Este libro es una guía completa y fácil de seguir para usuarios principiantes y avanzados. La dieta mediterránea es una forma diferente de dieta que es fácil de seguir y está pensada para realizar un cambio de estilo de vida. Ya sea que esté buscando mejorar su salud cardíaca, perder peso o lograr la longevidad, la dieta mediterránea puede ayudarle con eso.

Disfrute de todos los increíbles beneficios de la dieta mediterránea, sin importar cuán ocupada esté su agenda. Este libro de cocina de la dieta mediterránea es su guía definitiva. Siguiendo este libro, conocerá lo esencial de la dieta mediterránea. Aprenderá a vivir como en el Mediterráneo, aprenderá a comer, beber y disfrutar de la vida mientras se convierte en la versión más saludable de su vida.

Este libro tiene un enfoque simplificado de la cocina. La gran variedad de recctas puede sorprenderle, y ya no se sentirá desamparado ni hambriento. Las recetas están llenas de sabor, son fáciles de preparar y seguro que complacerán a todos los comensales. Cocineros experimentados y novatos por igual se inspirarán en estas recetas y cocinar a la manera mediterránea será una brisa incluso en sus noches de semana. Así que pase a la página siguiente y disfrute de una feliz y exitosa vida con la dieta mediterránea!

Capítulo 1: La dieta mediterránea

La dieta mediterránea consiste en platos llenos de comida colorida, sana y saludable. La dieta mediterránea gira en torno a principios de alimentación y de vida más sanos y sostenibles. La dieta mediterránea es más que una simple dieta; es un estilo de vida que ha sido creado a lo largo de siglos de vida saludable y de unión para la alimentación. Familias de toda la costa mediterránea han contribuido durante años a lo que hoy conocemos como dieta mediterránea. La dieta mediterránea consiste en comer alimentos enteros y no procesados, como granos enteros, verduras, frutas, mariscos frescos, grasas buenas de nueces, semillas y aceite de oliva.

Estos son los alimentos básicos de la dieta mediterránea, aunque la buena calidad de las aves de corral, la carne, los productos lácteos y el vino tinto también hacen acto de presencia. La dieta es rica en antioxidantes, vitaminas y aceite omega 3 debido a la variedad de pescados, frutas frescas y vegetales incorporados a la dieta. En última instancia, la dieta mediterránea no es una dieta, es un estilo de vida que incluye una alimentación saludable, ejercicio físico diario e interacciones sociales saludables con amigos y familiares. Es un estilo de vida que lo mantiene en mejor forma, mejora la longevidad y le ayuda a lograr el bienestar emocional.

Se sabe que los alimentos que comemos contribuyen en gran medida al resultado de nuestra salud. Se sabe que alimentarse con alimentos poco saludables causa una variedad de problemas de salud, incluyendo presión arterial alta, colesterol alto, enfermedades cardíacas, diabetes e incluso cáncer. La dieta mediterránea está considerada como una de las más sanas del mundo. Como ésta dieta se considera más como un estilo de vida, debe ser adoptada como una práctica diaria y una forma de vida que sea sostenible. La dieta mediterránea incorpora los hábitos de vida tradicionales y saludables de las personas de los países que bordean el mar Mediterráneo, como España, Francia, Italia, Grecia, Marruecos y otros. La dieta varía según el país y la región en la que se adopte, por lo que puede tener una serie de definiciones.

Historia

La dieta mediterránea tiene su origen en la zona conocida como "cuenca mediterránea". Los historiadores lo llaman "la cuna de la civilización". "La cuenca mediterránea incluye países como España, Italia, Francia, Grecia, Turquía, Marruecos y muchos otros países e islas.

Los orígenes de la "Dieta Mediterránea" se perdieron en la historia, aunque sabemos que tiene su influencia en tres partes diferentes de Europa. El primero son los romanos, cuyas comidas consistían en pan, aceite de oliva y vino. Además, los ricos se deleitaban con mariscos frescos. Los países germánicos son la segunda influencia. Vivían en tierras verdes y bosques llenos de frutas y bayas. Cultivaban verduras y criaban animales. Los misioneros cristianos unieron ambas culturas. Por último, los países árabes contribuyeron a la elaboración de las especias. La comida mediterránea procede de estos tres grandes países del pasado.

En 1958, el científico estadounidense Ancel Keys llevó a cabo un estudio, conocido como "el Estudio de los Siete Países" para encontrar una correlación entre el colesterol y las enfermedades cardíacas. El estudio incluye a Japón, Estados Unidos, Finlandia, Italia, los Países Bajos, Grecia y la antigua Yugoslavia. La investigación reveló que las personas más sanas eran aquellas que consumían una dieta que consistía principalmente de vegetales, granos, frutas, frijoles y pescado. Los residentes de la isla mediterránea de Creta, Grecia, estaban en mejor forma. Los investigadores concluyeron que es la dieta la que los mantiene en la mejor forma; de ahí el concepto de la "Dieta Mediterránea". "

Sin embargo, la dieta sólo se popularizó cuando la Escuela de Salud Pública de la Universidad de Harvard publicó "Eat, Drink and Be Healthy": The Harvard Medical School Guide to Healthy Eating" en 1993. En 2010, la Organización de las Naciones Unidas para la Educación, la Ciencia y la Cultura (UNESCO) reconoció la Dieta Mediterránea como parte fundamental de la historia.

Capítulo 2: Consumir la dieta mediterránea

Los principales componentes de la dieta mediterránea:

1. Granos integrales: Los granos enteros son ricos en fibra, vitaminas y fitoquímicos, y son una parte integral de la dieta mediterránea. Las investigaciones han demostrado que los granos enteros pueden reducir el riesgo de diabetes, enfermedades cardíacas y cáncer. Un grano entero consiste en una capa externa, el salvado (fibra); una capa media (proteína y carbohidratos complejos); y una capa interna (proteína, vitaminas y minerales). Ejemplos de granos enteros que son comunes en la dieta mediterránea son la quinua, la avena, la kasha y la cebada. Consuma de 3 a 5 porciones de granos enteros diariamente.
2. Frutas y verduras frescas: Las frutas y verduras contienen una abundancia de fibra, vitaminas, minerales y carbohidratos complejos que reducen el riesgo de enfermedad cardíaca y cáncer. Fitonutrientes - un poderoso nutriente de origen vegetal (concentrado en la piel de frutas y verduras) ayuda a combatir las enfermedades y mejorar nuestra salud. Se recomienda comer una amplia variedad de colores (espinacas,

calabazas amarillas, manzanas rojas, arándanos, naranjas, etc.) para obtener todos los beneficios nutricionales que las frutas y verduras pueden proporcionar. Usted necesita comer por lo menos 4 porciones de frutas y verduras frescas al día.

3. Pescado: El pescado azul es otro componente de la dieta mediterránea. Son una fuente rica en proteínas y ácidos grasos omega-3. Los ácidos grasos omega-3 ayudan a reducir los niveles de triglicéridos y colesterol y reducen el riesgo de ataque cardíaco. También reducen la inflamación. Las mejores opciones son platija, abadejo, trucha, sábalo, sardinas, arenque, atún, albacora y salmón. Evite la caballa gigante, el tiburón, el pez espada y el blanquillo, ya que estas especies de peces tienden a tener el mayor contenido de mercurio. Coma por lo menos 3 porciones por semana.

4. Bayas: Las nueces como las almendras y las nueces son ricas en omega-3 y grasas monoinsaturadas, así como buenas fuentes de fibra, proteínas y vitaminas. Varios ensayos clínicos han demostrado que el consumo regular de frutos secos reduce el colesterol, disminuye el riesgo de enfermedades cardíacas y ataques cardíacos.

5. Frijoles (legumbres): Los frijoles son una fuente rica de fibra soluble e insoluble y ayudan a reducir el apetito y el colesterol. Además, los frijoles son una buena fuente de proteínas y vitaminas. El consumo regular de frijoles

reduce el riesgo de diabetes, enfermedades cardíacas y cáncer.

6. Aceite de oliva: El aceite de oliva es el "alma" de la dieta mediterránea. Rico en grasas monoinsaturadas, el aceite de oliva es beneficioso para la salud del corazón. El uso regular de aceite de oliva se asocia con un menor riesgo de trastornos inflamatorios, enfermedades cardíacas, diabetes y cáncer. El aceite de oliva también reduce los niveles de colesterol malo y aumenta los niveles de colesterol bueno, y hace que nuestros cuerpos sean menos susceptibles al daño oxidativo de los radicales libres. Además, el aceite de oliva puede ayudarle a perder peso.

7. Grasas saludables: Las grasas saludables son una parte esencial de la dieta mediterránea. Obténgalos de aceitunas, aceite de oliva, aguacates, nueces, semillas, pescado fresco y mariscos.

8. Productos lácteos: Consuma leche, queso y yogur con moderación. Elija leche baja en grasa, quesos y coma yogur griego. Consuma hasta 7 porciones de productos lácteos por semana.

9. Huevos: Opte por óvulos de granja, orgánicos y sin hormonas. Contienen más grasas omega-3 que los huevos comerciales. Disfrute de 3 a 5 porciones (2 huevos) de huevos por semana.

10. Aves de corral: Las aves de corral son más preferidas en la dieta mediterránea que las carnes rojas. Coma pollo y pavo. También, incluya aves de caza como palomas, faisanes, patos y codornices. Coma de 2 a 5 porciones por semana.
11. Carne roja: Las carnes rojas como el cordero, la carne de res y el cerdo se reservan generalmente para unas pocas comidas especiales. Elija carnes orgánicas alimentadas con pasto porque son más altas en omega-3. Usted puede comer de 3 a 5 porciones de carne roja por mes.
12. Dulces: El postre mediterráneo suele incluir queso y/o fruta, no tortas y pasteles ricos en azúcar. No se recomiendan edulcorantes artificiales. Pegue la miel, el azúcar y la melaza en pequeñas cantidades. Usted puede consumir hasta 4 porciones de dulces por semana.
13. Vino tinto: El vino tinto es mejor que otras formas de alcohol. El vino tinto contiene resveratrol y polifenoles. Ambos mejoran la salud de su corazón y disminuyen su riesgo de enfermedad cardíaca. El resveratrol tiene un impacto beneficioso en la coagulación de la sangre, reduce los niveles de colesterol malo y aumenta los niveles de colesterol bueno. Usted necesita consumir vino tinto con moderación (sólo un par de vasos de 5 onzas al día). El jugo de uva es una alternativa al vino tinto. El jugo de uva morado reduce el riesgo de ataque cardíaco.

14. Sal: La dieta mediterránea es baja en sodio. Limite el uso de sal y concéntrese en hierbas y especias frescas para darle sabor a su comida.

Qué comer y qué evitar en un vistazo

Lo básico:

- Coma: Pescados, mariscos, granos enteros, panes, papas, legumbres, semillas, nueces, frutas, verduras, aceite de oliva extra virgen, hierbas y especias.
- Con moderación: Yogur, queso, huevos y aves de corral
- Rara vez: Carne roja
- No coma: Aceites refinados, granos refinados, carne procesada, alimentos altamente procesados, azúcares añadidos y bebidas endulzadas con azúcar.

Evite estos alimentos poco saludables:

- Alimentos altamente procesados: Cualquier cosa etiquetada como "dieta" o "baja en grasa".
- Carne procesada: perritos calientes, salchichas procesadas, etc.
- Aceites refinados: aceite de semilla de algodón, aceite de canola, aceite de soja y otros.
- Grasas trans: Evítelas por completo (como la margarina).

- Granos refinados: Productos elaborados a partir de granos refinados
- Azúcar añadido: Azúcar de mesa, helados, caramelos, refrescos y otros.

Comida para ingerir:

- Verduras: Pepinos, coles de Bruselas, zanahorias, coliflor, espinacas, etc.
- Frutas: Melones, higos, uvas, peras, naranjas, plátanos, etc.
- Nueces y semillas: Todo tipo de nueces y semillas.
- Legumbres: Cacahuetes, garbanzos, legumbres, lentejas, guisantes, judías, etc.
- Tubérculos: Nabos, ñames, patatas, batatas, etc.
- Granos integrales: Pan integral, pasta, trigo integral, alforfón, maíz, cebada, centeno, arroz integral, avena integral.
- Pescados y mariscos: Camarones, caballa, atún, trucha, sardinas, salmón, almejas, cangrejo, mejillones, etc.
- Aves de corral: Pato, pavo, pollo, etc.
- Lácteos: Yogur griego, queso, etc.
- Grasas saludables: aceitunas, aceite de oliva extra virgen, aguacates y aceite de aguacate.

Qué beber:

- Usted puede beber alrededor de 1 vaso de vino tinto por día.
- El té y el café también son aceptables.
- Evite los jugos de frutas y las bebidas endulzadas con azúcar.

¿Cómo seguir la dieta al comer fuera de casa?

- Sólo coma pan integral. Evite la mantequilla y opte por el aceite de oliva.
- Elija pescado o mariscos como plato principal.
- Pídales que usen aceite de oliva para cocinar sus alimentos.

Capítulo 3: Los beneficios para la salud de la Dieta Mediterránea

La dieta mediterránea es una forma sabrosa de comer y también es una forma sostenible de reducir la inflamación. Es la inflamación que desencadena la mayoría de las enfermedades modernas, incluyendo las enfermedades cardiovasculares, la diabetes y el cáncer. U.S. News clasificó la dieta mediterránea como la mejor dieta general en 2019

- (https://health.usnews.com/best-diet).

La dieta mediterránea incluye muchos alimentos frescos y no almidonados. Estos son algunos de los beneficios de la dieta mediterránea:

1. Una manera saludable de perder peso: Si está buscando una dieta que le ayude a perder peso, entonces la dieta mediterránea es el mejor enfoque. Muchas personas en todo el mundo siguen esta dieta para perder peso. Los alimentos mediterráneos ricos en fibra aseguran la plenitud. Los alimentos ricos en fibra lo hacen sentir lleno rápidamente. La fibra también ayuda a aumentar el metabolismo y a perder peso de forma saludable. La clave es evitar los carbohidratos simples con verduras fibrosas, frutas, frijoles y legumbres. La dieta puede

ayudarle a comer alimentos bajos en carbohidratos y altos en proteínas si lo desea. Muchos productos lácteos de calidad y una gran cantidad de mariscos aseguran que no haya sensación de privación.

    - https://www.nejm.org/doi/full/10.1056/NEJMoa0708681

2. **Mejora la salud del corazón**: Las investigaciones demuestran que una dieta mediterránea rica en grasas monoinsaturadas y omega-3 saludables reduce el riesgo de enfermedad cardíaca de las personas que hacen dieta. El estudio muestra que el aceite de oliva puede reducir el riesgo de muerte súbita cardíaca en un 45% y el riesgo de muerte cardíaca en un 30%. Otros estudios muestran que el consumo de aceite de oliva reduce la presión arterial alta en comparación con el aceite vegetal.

    - https://www.ncbi.nlm.nih.gov/pubmed/17058434
    - https://www.ncbi.nlm.nih.gov/pubmed/23939686

3. **Ayuda a combatir el cáncer**: Una dieta que incluya muchas frutas y verduras puede proteger el ADN del daño, prevenir la mutación celular, disminuir la inflamación, combatir el cáncer y retrasar el crecimiento del tumor. El estudio muestra que siguiendo la dieta mediterránea que incluye una proporción equilibrada de

ácidos grasos omega-3 y omega-6, una alta cantidad de antioxidantes, fibra y polifenoles (encontrados en verduras, frutas, aceite de oliva y vino) reducen el riesgo de cáncer.

- https://www.ncbi.nlm.nih.gov/pubmed/22644232

4. Beneficia a las mujeres posmenopáusicas: Se sabe que la menopausia puede reducir la masa ósea y muscular de la mujer. Por otro lado, consumir la dieta mediterránea puede tener un impacto positivo en la pérdida de masa ósea y muscular.

- https://www.sciencedaily.com/releases/2018/03/180318144826.htm

5. Previene y trata la diabetes: La dieta mediterránea es una dieta antiinflamatoria, lo que significa que puede reducir las enfermedades causadas por la inflamación, como la diabetes tipo 2 y el síndrome metabólico. La dieta controla el exceso de producción de insulina. Es el exceso de insulina lo que desencadena el aumento de peso y nos hace obesos.

- https://www.ncbi.nlm.nih.gov/pubmed/19689829

6. Protege la salud cognitiva y puede mejorar su estado de ánimo: Las grasas saludables de la dieta mediterránea son buenas para el cerebro. Las dietas mediterráneas

actúan como un tratamiento natural para la enfermedad de Alzheimer y Parkinson. Se sabe que las verduras, las frutas y las grasas saludables como el aceite de oliva y las nueces combaten el deterioro cognitivo relacionado con la edad. Esto ayuda a contrarrestar los efectos nocivos de los radicales libres y la toxicidad que degradan la función cerebral. El primer y segundo estudio (abajo) muestran que las personas que siguen la dieta mediterránea eran menos propensas a desarrollar la enfermedad de Alzheimer. El tercer estudio muestra que hay una relación entre comer más pescado y reducir el riesgo de Alzheimer. Los alimentos probióticos como el kéfir y el yogur pueden mejorar los trastornos del estado de ánimo y la función cognitiva.

- https://www.ncbi.nlm.nih.gov/pmc/articles/PMC5538737/
- https://www.ncbi.nlm.nih.gov/pubmed/16622828
- https://www.ncbi.nlm.nih.gov/pubmed/19262590

7. Fortalece los huesos: El consumo de aceite de oliva ayuda a preservar la densidad ósea al aumentar la maduración y proliferación de las células óseas. Otro estudio revela que la dieta mediterránea puede ayudar a prevenir la osteoporosis.

- https://www.ncbi.nlm.nih.gov/pubmed/24975408
- https://www.ncbi.nlm.nih.gov/pubmed/22946650

8. Es bueno para su intestino: Un estudio muestra que los seguidores de la dieta mediterránea tenían un mayor porcentaje de bacterias buenas en sus intestinos. Los científicos concluyeron que comer más alimentos de origen vegetal como frutas, verduras y legumbres aumenta la producción de bacterias buenas hasta en un 7%.

    - https://www.frontiersin.org/articles/10.3389/fnut.2018.00028/full

9. Combate la depresión y disminuye la ansiedad: Los médicos recomiendan la dieta mediterránea como tratamiento para pacientes con ansiedad, depresión y otros problemas de salud mental. Los alimentos como el huevo, la espinaca y la col rizada contienen carotenoides. Esta sustancia estimula las bacterias buenas en su intestino y su estado de ánimo. Estudios recientes muestran que comer la dieta mediterránea puede ayudar a reducir el riesgo de depresión.

    - https://www.practiceupdate.com/content/healthy-dietary-choices-may-reduce-the-risk-of-depression/74278

- https://www.ncbi.nlm.nih.gov/pubmed/29775747

10. Ayuda a vivir más tiempo: Consumir una dieta basada en productos frescos y sin procesar y grasas saludables puede ayudarle a vivir más tiempo. Los estudios muestran que las grasas monoinsaturadas están relacionadas con niveles más bajos de enfermedades inflamatorias como la depresión, las enfermedades cardíacas, el cáncer, el deterioro cognitivo y la enfermedad de Alzheimer.

- https://www.ahajournals.org/doi/pdf/10.1161/01.cir.99.6.779

Capítulo 4: El estilo de vida mediterráneo

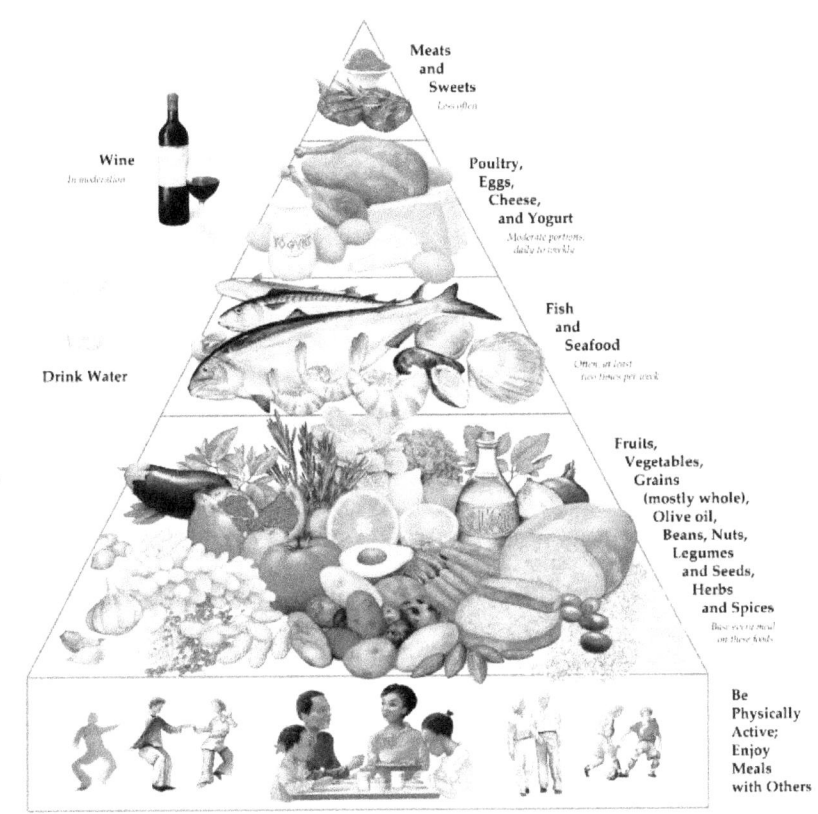

A algunas personas les sorprende que la base de la pirámide de la Dieta Mediterránea no sea un grupo alimenticio, sino comportamientos como la interacción social y la actividad física. En su esencia, la dieta mediterránea no es una dieta en el sentido ortodoxo del mundo. Es un estilo de vida que debe disfrutarse teniendo en cuenta tanto la salud como el placer.

Actividad física

La filosofía mediterránea de abordar la vida con igualdad de salud y placer conduce a una vida más equilibrada y feliz. Para la mayoría de las personas, la actividad física significa ir al gimnasio después del trabajo después de sentarse un día entero en sus autos, en sus escritorios o en sus sofás.

El concepto de actividad física es diferente en la región mediterránea. La vida cotidiana en la región mediterránea requiere una mayor actividad natural y un mayor gasto en calorías. El estilo de vida mediterráneo anima a la gente a caminar cuando va a lugares en lugar de usar el coche y el transporte público. Se desaconseja conducir y estacionar, y se proporcionan instalaciones para que la gente camine más cuando va hacia otros lugares. Las tareas simples como ir de compras, cocinar, secar y planchar requieren un mayor esfuerzo y gasto de calorías. Para obtener un beneficio óptimo de la dieta mediterránea, las personas que hacen dieta necesitan integrar formas placenteras de actividad en su vida diaria.

Camaradería y compañía

La vida familiar es muy valorada en la región mediterránea. Todas las culturas y países del Mediterráneo animan a la gente a comer juntos. Comer solo en la región está estrictamente prohibido. Sólo las personas que viven solas pueden comer solas. Aunque los tiempos han cambiado, la mayoría de la gente en el Mediterráneo considera desagradable comer solo. Por eso los horarios escolares y laborales giran en torno a las comidas. Las familias tratan de comer por lo menos una vez al día, incluso si tienen un horario de trabajo agitado.

Datos recientes muestran que los residentes de Cerdeña (una isla en el Mediterráneo) tienen diez veces más probabilidades de llegar a los cien años de edad que los estadounidenses. Los investigadores revelan que la clave para la longevidad es el estilo familiar de comer. Los científicos concluyeron que hay algo profundamente satisfactorio en disfrutar de las comidas en familia, lo que promueve la longevidad. La hora de las comidas en familia desencadena una profunda sensación de confort y seguridad psicológica, lo que tiene un efecto positivo en la salud y la felicidad.

La comida es vista como una forma de expresar agradecimiento, amor, aprecio y respeto en la región mediterránea. En los países europeos de la región mediterránea, como Francia, Grecia, Italia y España, se siente un gran orgullo al regalar a un ser querido o a un invitado un producto de cocina casero. El regalo es especialmente significativo si el alimento se cultiva en la propia tierra del presentador.

Reglas básicas para las comidas familiares:
- Evite completamente los aparatos electrónicos y la televisión.
- Discuta sólo buenas noticias y temas agradables.
- No hay temas desagradables o prohibidos.
- Ponga una mesa atractiva.
- Vístase para la comida.

En la ajetreada vida actual, puede considerarse como una fantasía utópica, pero aquí hay algunos consejos para poner en práctica el estilo de vida mediterráneo:
- Trate su comida, sus amigos y su familia como una parte integral de la vida.
- Si aún no lo está haciendo, socialice con su familia, amigos y compañeros de trabajo durante las comidas.
- Haga que las comidas sean fáciles de preparar para que se ajusten a su horario.
- Incluya una variedad de alimentos en su dieta.
- Encuentre maneras agradables de incorporar el ejercicio en su vida, como caminar con un amigo o trabajar en el jardín.

- o   Vota por vivir cada día con la paz y la salud en mente.

Capítulo 5: Compras en el mediterráneo

Vivir el estilo de vida mediterráneo implica hacer algunos cambios en sus compras de comestibles. El primer paso para reabastecer su cocina es encontrar las mejores tiendas y mercados para satisfacer sus necesidades, lo que implica una planificación.

Saber dónde comprar

La mayoría de los estadounidenses compran en la tienda de comestibles más cercana, y en la dieta mediterránea, la tienda de comestibles sigue siendo el mejor lugar para encontrar sus alimentos básicos. No importa donde viva, ir de compras localmente es la mejor idea. Mucha gente en el Mediterráneo depende de los puestos de productos, de los mercados locales, de los carniceros y de los panaderos para conseguir los productos más frescos. Las grandes tiendas de comestibles son convenientes, pero por lo general, importan alimentos de diferentes estados o países. Cuanto más largo es el tiempo de transporte, más nutrientes se pierden. Por lo tanto, lo ideal sería que comprar en el mercado agrícola local. Los mercados de granjeros locales son un recurso maravilloso para obtener alimentos frescos y de temporada para cualquier comunidad. Además de obtener frutas frescas, los otros beneficios de comprar en el mercado de los agricultores incluyen los siguientes:

1. Los alimentos son locales, por lo que son frescos, de temporada y más ricos en nutrientes.
2. El mercado local le da la oportunidad de caminar hasta su tienda, que es parte del estilo de vida mediterráneo.
3. Comprar localmente es una gran manera de devolver un poco a su comunidad.
4. Comprar localmente le da una experiencia mediterránea similar.

Aquí hay un enlace para encontrar un mercado local de agricultores en su área (https://www.localharvest.org/

CSA local

Comprar en una CSA (Agricultura Apoyada por la Comunidad) es una gran manera de incorporar productos frescos y de temporada a su dieta. Usted paga una cuota inicial a una granja local y recibe una caja de productos frescos cada semana. Ir con un CSA le da la sensación de cultivar sus propios productos. Esta es también una buena manera de adentrarse en el estilo de vida mediterráneo. Sin embargo, la CSA no es para todos. Si usted no disfruta de una amplia variedad, y es exigente con los productos, entonces es posible que no le guste la CSA.

- https://www.ifoam.bio/en/community-supported-agriculture-csa

Otros buenos puntos

Hay otros lugares poco comunes para encontrar alimentos que funcionan bien con un estilo de vida mediterráneo. Aquí están algunos puntos calientes para las compras mediterráneas:

- Mercados mediterráneos
- Panaderías
- Carniceros
- Mercados griegos
- Mercados italianos
- Restaurantes griegos o italianos que también venden comestibles

Encontrar los productos adecuados

Compra de productos

Comprar para la dieta mediterránea incluye tres criterios principales: proximidad local, estacionalidad y frescura. Cuando compre productos, debe hacer ésto:

- Evite los moretones y el marchitamiento: Son signos de que el producto ha superado su punto álgido.

- Evite los productos que estén demasiado maduros. Recoja los productos que estén lo suficientemente maduros.
- Busque la variedad: Escoja una variedad de productos.

Mariscos

- Evite el pescado con un color apagado u oscuro alrededor de los bordes.
- La piel debe ser metálica y brillante.
- La parrilla debe estar apretada contra el cuerpo.
- La pulpa debe ser firme y elástica.
- Evite el pescado que tenga un olor fuerte.

Carne de res, cerdo y aves de corral

- Las chuletas de cerdo deben ser firmes.
- Las aves de corral no deben tener un olor fuerte y verse firmes.
- La carne de res debe tener un color sólido.

Lácteos

- La sección de congelados o refrigerados de la tienda de comestibles ofrece una variedad de productos lácteos.
- Siempre puede comprar en línea.

Granos y panes

- Encontrará los productos de arroz en los pasillos interiores de su tienda de comestibles.
- Compre pan hecho con granos enteros, en lugar de harina blanca.
- El pan de masa fermentada es otra opción.

Cargando su despensa

Aquí hay una lista de lo que debe tener en la despensa:

- Pan
- Avena
- Pasta
- Quinua, cebada perlada o trigo bulgur
- Arroz (tanto integral como blanco)
- Sopas enlatadas, como tomate, vegetales y minestrone
- Lentejas
- Frijoles enlatados y/o secos
- Condimentos y hierbas, incluyendo romero, tomillo, orégano, albahaca, estragón, perejil, eneldo, canela, jengibre, curry en polvo, chile en polvo, ajo en polvo, pimentón, comino molido, pimienta negra, y sal marina.
- Aceites, incluyendo aceite de canola, aceite de oliva, aceite de oliva extra virgen.
- Cacao sin azúcar

- Azúcares, incluido el azúcar moreno claro u oscuro, y el azúcar granulado
- Harinas, incluidas las de uso general, avena, salvado de trigo y trigo integral
- Extractos, como almendra, anís y vainilla pura
- Harina de maíz
- Levadura seca
- Polvo de hornear, maicena, bicarbonato de soda

Artículos de refrigerador

- Condimentos, como mayonesa, salsas, salsa Worcestershire y mostaza
- Mantequilla de nuez natural como la mantequilla de almendras y la mantequilla de maní
- Leche o requesón
- Queso
- Yogur griego natural
- Verduras frescas
- Cartón de huevos

Artículos para el congelador

- Recetas precocinadas como chiles, guisos, sopas, etc.
- Carne molida
- Camarones congelados
- Filetes de pescado

- Pechugas de pollo
- Frutas congeladas
- Verduras congeladas
- Espinacas congeladas

Elementos de encimera
- Aguacates
- Cebollas y ajos
- Tomates
- Limones
- Frutas para el frutero (como peras, plátanos, naranjas, manzanas)

Capítulo 6: Consejos y técnicas para cocinar

Preparar las comidas en casa en lugar de salir a comer fuera o confiar en los restaurantes y la comida rápida es parte del estilo de vida mediterráneo.

Programación del tiempo de cocción

La cocina casera es una parte integral del estilo de vida mediterráneo. Le anima a comer alimentos frescos a base de plantas y reduce su dependencia de las comidas preenvasadas. Aquí hay algunas ideas para incorporar la cocina en su horario:

- o Si usted está realmente ocupado, entonces use sus días libres y fines de semana para cocinar sus comidas en lotes y congelarlas. Esto facilitará el seguimiento de la dieta mediterránea.
- o Si tiene muy poco tiempo para cocinar, elija recetas que requieran menos tiempo.
- o Reorganice su horario para encontrar tiempo para cocinar la cena varias noches a la semana.
- o Como principiante, mantenga su proceso de cocción simple. Comience con platos que requieren poco tiempo de preparación y no requieren cocción previa. Cuando se

acostumbre a la cocina mediterránea, elija platos más complejos.

Cocción por lotes

- Cocine varios platos como guisos, lasañas, chiles y sopas durante el fin de semana. Congélelos en el congelador y coma durante los días laborables.
- Prepare algunos alimentos: Puede precocinar granos enteros, salsas y frijoles. Úselos en varios platos.
- Haga más comidas aptas para el congelador: Por ejemplo, puede cocinar una gran cantidad de pollo a la parrilla, congelarlos y usarlos con verduras al vapor, sándwiches, burritos y ensaladas.

Encontrar aceite de oliva de alta calidad

- Generalmente, el aceite de oliva extra virgen de alta calidad se almacena en recipientes de vidrio oscuro.
- Elija un sabor herboso y picante porque son de la mejor calidad.
- Compruebe la fecha de cosecha.

Capítulo 7: Ideas para incorporar más alimentos de origen vegetal en su dieta

Aquí hay algunos otros consejos sobre la dieta mediterránea:

1. Coma una variedad de verduras como refrigerio. Corte previamente diferentes vegetales, como zanahorias, brócoli, pimientos y otros durante toda la semana. Puedes comerlos con salsas.
2. Coma más frutas o vegetales con cada comida. Por ejemplo, puede comer algo de fruta con yogur, incluir tomates, y verduras de hojas oscuras con un sándwich, y así sucesivamente.
3. No olvide el frutero. Coloque un frutero en su mostrador para incorporar más fruta a su dieta.
4. Añada más fruta a sus cereales. Usted puede usar una variedad de frutas con sus cereales, como duraznos, nectarinas y bananas. La fruta seca es otra gran opción.
5. Agregue más verduras y hierbas a sus platos de huevo. Agregue verduras como calabacines, cebollas, espinacas y tomates a sus platos de huevo (como frittatas, panecillos y huevos revueltos).
6. Agregue verduras a su pasta: Los platos de pasta son perfectos para añadir verduras y hierbas frescas.

7. Consuma más sopa de verduras. Comience su comida con una sopa de verduras. Le ayudará a consumir más verduras.
8. Agregue granos enteros a sus sopas y guisos. Los granos enteros están llenos de fibra y otros nutrientes, y ayudan a perder peso. Agregue cebada perlada o pasta integral a sus sopas y guisos.
9. Agregue frijoles a sus comidas. Es beneficioso agregar frijoles a cada comida.

Capítulo 8: Consejos para los principiantes

1. Elimine las comidas rápidas. Elimine las comidas rápidas y elija sólo platos mediterráneos.
1. Intercambiar grasas. Evite la mantequilla y use aceite de oliva en su cocina. Otras grasas buenas son los aguacates, las aceitunas, las semillas de girasol y las nueces.
2. Reduzca su consumo de carne roja y coma en cantidades más pequeñas. La mayoría consume proteínas magras como el pescado dos veces a la semana y las aves de corral con moderación.
3. Coma muchas verduras. Además, consuma más legumbres.
4. Come algunos lácteos y huevos. El consumo moderado de productos lácteos proporciona beneficios para la salud. Consuma yogur y quesos griegos. Decore sus comidas con productos lácteos.
5. Coma mariscos y pescado dos veces por semana.
6. No beba sus calorías. Evite las bebidas endulzadas con azúcar. Beba más agua y un vaso ocasional de vino tinto.
7. Meriende con nueces.
8. Coma pasta. Combine verduras con alto contenido de fibra y aceite de oliva con pasta integral.

9. Comparta las comidas. Esto va bien con la idea de la dieta mediterránea.
10. Coma fruta fresca como postre.
11. Sazonadores de amplificación. Agregue mucho ajo y hierbas a sus comidas.

Capítulo 9: Planificación de comidas

La planificación de las comidas es la clave para mantenerse al día con sus metas nutricionales. Una cita popular de Benjamin Franklin,"Cuando no planeas, planeas fallar". Elija un día o una noche de la semana para escribir todo lo que quiera comer la semana siguiente. Planifique sus comidas y luego cree una lista de alimentos de acuerdo a sus comidas. Compre lo de su lista para no desviarse de su plan. Si usted está muy ocupado durante los días laborables, puede cocinar varias comidas durante el fin de semana, congelarlas y comerlas durante los días laborables. La planificación de las comidas es importante por varias razones:

- o La planificación de las comidas asegura que usted está usando su tiempo sabiamente y que tiene todo lo que necesita a mano.
- o Hace que cocinar sea más fácil durante la semana porque ya sabe lo que va a cocinar.
- o La planificación puede ayudarle a ahorrar dinero.

He aquí algunos consejos para planificar las comidas:
- o Haga una gran cantidad de quinua en una olla de arroz o en la estufa. La quinua se puede utilizar en muchos platos como el arroz. Cocinar un lote con anticipación

- hace que sea fácil añadir una cucharada a las ensaladas, guisos, sopas y envoltorios.
- Lave y pique las verduras como las zanahorias y el apio tan pronto como llegue a casa de la tienda de comestibles. Se guardan bien en un recipiente hermético en el refrigerador durante 7 a 10 días y se pueden usar como base para sopas y salsas.
- Si uno de sus objetivos es ahorrar dinero, puede comprar productos congelados en lugar de frutas y verduras frescas. Las verduras congeladas son deliciosas en stir-fries y no requieren ningún lavado o picado.
- Ase una gran cantidad de vegetales a la vez. Los frijoles verdes, el brócoli y las batatas son buenas opciones para asar con anticipación. Puede agregarlos a sus ensaladas, sándwiches, envoltorios y tacos.
- Puede cocinar un pavo o pollo entero y utilizarlo en una variedad de platos como una cazuela, sopa, hamburguesas, salteados, ensaladas y sándwiches.

Planificación de comidas de 7 días

[Corrección: Tortilla Griega de Rostro Abierto]

Weekly Meal Planner

	Breakfast	Lunch	Dinner	Side Dishes & Snacks	Dessert
Sunday	Open Faced Greek Omelet	Mediterranean Style Stuffed Peppers	Baked Salmon with Garlic Cilantro Sauce	Mediterranean Feta Cheese Dip	No Bake Dessert Bars
	Breakfast	Lunch	Dinner	Appetizers and Snacks	Dessert
Monday	Shakshuka	Mediterranean Chicken Thighs	Greek Baked Meatballs	Garlic Brussels Sprouts	Greek Honey Cake
	Breakfast	Lunch	Dinner	Appetizers and Snacks	Dessert
Tuesday	Breakfast Egg Muffins	Greek Shrimp with Tomato and Feta	Spanish Chickpea Stew	Hummus	Honey Bun Cinnamon Cookies
	Breakfast	Lunch	Dinner	Appetizers and Snacks	Dessert
Wednesday	Mediterranean-Style Breakfast Toast	Moroccan Lamb Stew	Butternut Squash with Lentils and Quinoa	Baba Ganoush	Basbousa
	Breakfast	Lunch	Dinner	Appetizers and Snacks	Dessert
Thursday	Egg Casserole	Mediterranean Blackened Salmon with Salsa	Lemon Garlic Shrimp with Peas and Artichokes	Mediterranean Party Platter	French Pear Tart
	Breakfast	Lunch	Dinner	Appetizers and Snacks	Dessert
Friday	Mediterranean Breakfast Hash	Garlic Herb Roast Turkey	Mediterranean Baked Fish with Tomatoes and Capers	Avocado Hummus and Salsa Verde	Baklava
	Breakfast	Lunch	Dinner	Appetizers and Snacks	Dessert
Saturday	Italian-Style Breakfast Strata	Greek Turkey Meatball Gyro with Tzatziki	Egyptian Style Potato Casserole	Baked Brie with Jam and Nuts	Roasted Peaches and Greek Yogurt Crostini

Capítulo 10: Recetas para el desayuno

Shakshuka

Tiempo de preparación:	Tiempo de cocción:	Porciones:
10 minutos	20 minutos	6

Ingredientes

- Aceite de oliva extra virgen - 3 cdas.
- Cebolla amarilla - 1 grande, picada
- Pimientos verdes - 2, picados
- Ajo - 2 dientes, picados
- 1 cdta. de cilantro molido
- Pimentón dulce - 1 cdta.
- Comino molido - ½ tsp.
- Escamas de pimiento rojo - 1 pizca
- Sal y pimienta al gusto
- Tomates maduros - 6, picados
- Salsa de tomate - ½ taza
- Azúcar - 1 cdta.
- Huevos - 6
- Hojas de perejil fresco picado - ¼ de taza
- Hojas de menta fresca picadas - ¼ taza

Instrucciones

1. Caliente el aceite en una sartén.
2. Agregue las cebollas, sal, pimienta, especias, ajo y pimientos verdes.
3. Saltee por 10 minutos o hasta que los vegetales estén suaves.
4. Agregue el azúcar, los tomates y la salsa.
5. Cocine a fuego lento de 10 a 12 minutos o hasta que la mezcla comience a reducirse. Pruebe y ajuste la sazón.
6. Hacer 6 "pozos" en la mezcla con una cuchara.
7. Rompa un huevo en cada pocillo.
8. Bajar el fuego, tapar y cocinar a fuego lento hasta que las claras de huevo estén listas.
9. Destape y espolvoree con menta y perejil.
10. Servir.

Datos nutricionales por porción

- Calorías: 154
- Grasa: 7.8g
- Carbohidratos: 14.1g
- Proteína: 9 g

Muffins de Huevo para el Desayuno

Tiempo de preparación:	Tiempo de cocción:	Porciones:
15 minutos	25 minutos	12

Ingredientes

- Aceite de oliva extra virgen para cepillar
- Pimiento rojo - 1, picado
- Tomates cherry - 12, cortados por la mitad
- Chalote - 1, finamente picado
- Aceitunas Kalamata sin hueso - 6 a 10, picadas
- Pollo o pavo cocido - 3 a 4 oz. deshuesado, desmenuzado
- Perejil fresco picado - ½ taza
- Seta desmenuzada al gusto
- Huevos - 8
- Sal y pimienta al gusto
- Páprika española - ½ tsp.
- Cúrcuma molida - ¼ tsp.

Instrucciones

1. Coloque una rejilla en el centro y precaliente el horno a 350F.
2. Engrase una fuente para magdalenas de 12 tazas con aceite de oliva.

3. Mezcle la seta desmenuzada, el perejil, el pollo, las aceitunas, los chalotes, los tomates y los pimientos en un tazón. Agregue la mezcla uniformemente a 12 tazas.
4. Bata los huevos, las especias, la sal y la pimienta en un tazón.
5. Vierta la mezcla de huevo uniformemente sobre cada taza. Cada taza debe estar aproximadamente llena en ¾
6. Coloque el molde de magdalenas en una bandeja.
7. Hornee en el horno hasta que los panecillos de huevo estén listos, aproximadamente 25 minutos.
8. Deje enfriar y sirva.

Datos nutricionales por porción

- Calorías: 67
- Grasa: 4.7g
- Carbohidratos: 1.2g
- Proteína: 4,6 g

Tostadas de desayuno al estilo mediterráneo

Tiempo de preparación:	Tiempo de cocción:	Porciones:
10 minutos	0 minutos	4

Dieta mediterránea para principiantes

Ingredientes

- Pan integral a elección - 4 rebanadas gruesas
- Hummus casero - ½ taza
- Mezcla de especias mediterráneas al gusto
- Espinaca - 1 puñado
- Pepino - 1, en rodajas
- Tomates Roma - 1 a 2, rebanados
- Aceitunas picadas - 2 cdas.
- Queso en rebanadas desmenuzado al gusto

Instrucciones

1. Tostar rebanadas de pan.
2. Unte hummus en cada rebanada de pan.
3. Acomodar con los otros ingredientes y servir.

Datos nutricionales por porción

- Calorías: 166
- Grasa: 4.2g
- Carbohidratos: 29.4g
- Proteína: 6,1 g

Pan de banana y nueces

Tiempo de preparación:	Tiempo de cocción:	Porciones:
15 minutos	55 minutos	12

Ingredientes

- o Aceite de oliva extra virgen - 1/3 taza
- o Miel - ½ taza
- o Huevos - 2
- o Plátanos maduros - 2, machacados
- o Yogur natural sin grasa - 2 cdas.
- o Leche sin grasa - ¼ de taza
- o Bicarbonato de sodio - 1 cdta.
- o Extracto de vainilla - 1 cdta.
- o Cardamomo molido - ½ tsp.
- o Canela molida - ½ tsp.
- o Nuez moscada molida - ½ tsp.
- o Harina para todo uso - 1 1/3 taza
- o Dátiles deshuesados y picados - ½ taza
- o 1/3 de taza de corazones de nuez picada

Instrucciones

1. Precaliente el horno a 325F.
2. Batir la miel y el aceite de oliva en un bol.

3. Agregue los huevos y bata de nuevo para combinar.
4. Agregue la nuez moscada, la canela, el cardamomo, el extracto de vainilla, el bicarbonato de soda, la leche, el yogur y las bananas. Bata para mezclar.
5. Añada la harina, las nueces y los dátiles. Combine bien.
6. Engrase un molde de pan (5 3/4" x 3") y vierta la masa en el molde de pan.
7. Hornee por 55 minutos a 325F.
8. Retirar del horno y enfriar.
9. Cortar y servir.

Datos nutricionales por porción

- Calorías: 172
- Grasa: 5.9g
- Carbohidratos: 28.8g
- Proteína: 2,4 g

Cazuela de huevo

Tiempo de preparación: 15 minutos	Hora de cocinar: 35 minutos	Porciones: 6

Ingredientes

- Alcachofas picadas - 10 oz.
- Tomate grande - 1, picado
- Chalote grande - 1, picado
- 1 taza de hojas de perejil fresco picado
- Hojas de menta fresca - 1 taza, picadas
- Queso en rebanadas desmenuzado - 1 ¼ taza
- Queso parmesano molido - ½ taza
- Tostadas frescas - 6 rebanadas, cortadas en pedazos de ½ pulgada
- Leche - 1 ½ taza
- Huevos - 6
- Polvo de hornear - ½ tsp.
- Nuez moscada molida - ¼ tsp.
- Pimentón picante - 1 cdta.
- Sal y pimienta al gusto

Instrucciones

1. Precaliente el horno a 375F.
2. Coloque los panes cortados en un tazón.
3. En otro tazón, bata la leche, la sal, la pimienta, el pimentón, la nuez moscada, el polvo de hornear y los huevos.
4. Vierta la mezcla de leche en el tazón de pan.
5. Mezcle las verduras, el queso y las hierbas.

6. Mezcle bien y páselo a una bandeja para hornear.
7. Hornee a 375°F hasta que esté bien cocido, aproximadamente 35 minutos.

Datos nutricionales por porción

- Calorías: 353
- Grasa: 16g
- Carbohidratos: 35g
- Proteína: 22 g

Desayuno Mediterráneo Hash

Tiempo de preparación: 10 minutos	Tiempo de cocción: 14 minutos	Porciones: 4

Ingredientes

- Aceite de oliva extra virgen - 1 ½ cda.
- Cebolla amarilla pequeña - 1, picada
- Ajo - 2 dientes, picados
- Patatas Russet - 2, cortadas en dados
- Sal y pimienta al gusto

- o Garbanzos en lata - 1 taza, escurridos y enjuagados
- o Espárragos infantiles - 1 lb. picados en trozos de ¼ pulgadas
- o Pimienta inglesa molida - 1 ½ tsp.
- o 1 cdta. de mezcla de especias mediterráneas
- o 1 cdta. de orégano seco
- o Pimentón dulce - 1 cdta.
- o Cilantro - 1 cdta.
- o Una pizca de azúcar
- o Huevos - 4
- o Agua
- o Vinagre blanco - 1 cdta.
- o Cebolla roja pequeña - 1, finamente picada
- o Tomates Roma - 2, picados
- o Feta desmenuzado - ½ taza
- o Perejil fresco picado - 1 taza

Instrucciones

1. Caliente el aceite de oliva en una sartén.
2. Agregue las papas, el ajo y la cebolla. Sazone con sal y pimienta.
3. Saltee hasta que las papas estén tiernas, de 5 a 7 minutos.
4. Agregue los espárragos, garbanzos, especias y más sal y pimienta.
5. Saltear durante 5 a 7 minutos más.

6. Agregue 1 cucharadita de vinagre a una olla con agua y cocine a fuego lento.
7. Rompa los huevos en un recipiente y deslícelos con cuidado.
8. Cocine por 3 minutos, luego retire y escurra. Sazone con sal y pimienta.
9. Retire la sartén del fuego.
10. Agregue los tomates, las cebollas rojas, el feta y el perejil.
11. Cubra con los huevos escalfados y sirva.

Datos nutricionales por porción

- Calorías: 535
- Grasa: 20.8g
- Carbohidratos: 34.5g
- Proteína: 26,6 g

Estratos del desayuno al estilo italiano

Tiempo de preparación:	Tiempo de cocción:	Porciones:
15 minutos	50 minutos	12

Ingredientes

- o   Salchicha de pollo italiana baja en grasa - ¾ lb.
- o   Aceite de oliva extra virgen - ¾ taza, más 1 cda.
- o   Cebolla amarilla picada - 1 taza
- o   Pimientos morrones picados - 2 tazas
- o   Apio - 2 costillas, picadas
- o   1 cdta. de orégano seco
- o   Sal y pimienta negra
- o   Bocaditos de tomate seco - ½ taza
- o   Perejil - ½ taza, picada
- o   Tomate cortado en dados en lata - 2/3 de taza
- o   Huevos - 6
- o   Leche descremada - ¾ de taza
- o   Mantequilla - 2 cdas.
- o   Fillo Dough - 16 hojas, descongeladas
- o   Queso parmesano rallado - ½ taza

Instrucciones

1. Para hacer el relleno: Saltee la salchicha hasta que se dore en una sartén. Divida los trozos más grandes en trozos más pequeños. Páselo a un tazón y déjelo a un lado.
2. Caliente el aceite de oliva en la sartén y saltee el apio, los pimientos y las cebollas durante 4 minutos.
3. Sazonar con sal y pimienta y añadir el orégano seco. Transfiera a la bandeja de salchichas.

4. Ahora agregue el tomate picado, el perejil y los trozos de tomate al tazón y mezcle bien.
5. En otro tazón, bata la leche y los huevos, y reserve.
6. Precaliente el horno a 350F.
7. Derretir la mantequilla en el microondas y añadir ¾-cup de aceite de oliva y mezclar.
8. Engrase una bandeja para hornear (9″ x 13″) con la mezcla de aceite y mantequilla.
9. Alinee el molde de hornear con una lámina de fillo. Cepille con la mezcla de mantequilla de aceite y repita con las siguientes 7 hojas.
10. Espolvorear la última hoja con parmesano.
11. Cepille las 8 hojas siguientes con la mezcla de mantequilla de aceite y coloque una capa encima.
12. Repartir el relleno uniformemente sobre las hojas.
13. Verter la mezcla de huevo de leche y doblar el exceso de filete.
14. Hornee de 30 a 40 minutos a 350F.
15. Retirar y enfriar durante 5 minutos.
16. Cortar en cuadritos y servir.

Datos nutricionales por porción

- Calorías: 373
- Grasa: 27.6g
- Carbohidratos: 21g

- Proteína: 11,9 g

Tortilla griega de cara abierta

Tiempo de preparación:	Tiempo de cocción:	Porciones:
5 minutos	15 minutos	4

Ingredientes
- Aceite de oliva extra virgen - 2 cdas.
- Tomate grande - 1, rebanado
- Ajo - 1 diente, picado
- 2 cucharadas de queso en rebanadas griego desmenuzado
- Huevos - 7
- 1 cda. de hojas de menta picadas
- Polvo de hornear - ½ tsp.
- Pimentón dulce - ½ tsp.
- Hierba de eneldo - ½ tsp.
- Cilantro - ½ tsp.
- Sal y pimienta negra

Instrucciones

1. Caliente el aceite de oliva en una sartén.
2. Agregue las rebanadas de tomate y el ajo.
3. Cocine por 5 minutos o hasta que los tomates estén blandos. Añada el queso en rebanadas.
4. Mientras tanto, en un tazón, bata los huevos con sal, pimienta, menta y levadura en polvo.
5. Vierta la mezcla de huevo sobre los tomates.
6. Tape y cocine hasta que la parte superior comience a fraguar.
7. Coloque la sartén en el horno y ase brevemente o hasta que esté completamente cocida.
8. Cortar la tortilla en trozos.
9. Servir.

Datos nutricionales por porción

- Calorías: 179
- Grasa: 13g
- Carbohidratos: 3.4g
- Proteína: 11.8g

Quiche de calabacín sin corteza

Tiempo de preparación: 10 minutos	Hora de cocinar: 35 minutos	Porciones: 8

Ingredientes

- Tomate - 1, cortado en rodajas
- Aceite de oliva extra virgen - 2 cdas.
- Calabacín - 1, cortado en rodajas
- Chalotes - 3, en rodajas
- Sal y pimienta
- Pimentón dulce - 1 cucharadita dividida
- Mozzarella rallada parcialmente descremada - ½ taza
- Parmesano rallado - 2 cdas.
- Huevos - 3, batidos
- Leche descremada - 2/3 de taza
- Polvo para hornear - ¼ tsp.
- Harina integral blanca - ½ taza, tamizada
- Perejil fresco - ¼ taza

Instrucciones

1. Precaliente el horno a 350F.
2. Sazonar los tomates en rodajas con sal. Deje a un lado por unos minutos, luego seque con palmaditas.

3. Caliente el aceite en una sartén.
4. Agregue los chalotes, el calabacín. Sazone con ½ cdta. de pimentón, sal y pimienta.
5. Saltee hasta que las verduras estén tiernas.
6. Engrase una fuente para pasteles de 9 pulgadas y transfiera la mezcla de verduras a la misma.
7. Coloque los tomates en rodajas encima.
8. Agregue la mozzarella y el parmesano.
9. En un recipiente, bata la leche, los huevos, el polvo de hornear, la harina, el perejil y ½ cdta. de pimentón.
10. Vierta la mezcla de huevo sobre los quesos.
11. Hornee por 30 minutos a 350F.
12. Retirar y enfriar.
13. Cortar y servir.

Datos nutricionales por porción

- Calorías: 145
- Grasa: 5.6g
- Carbohidratos: 16.5g
- Proteína: 8.4g

Capítulo 11: Recetas para el almuerzo

Pimientos rellenos al estilo mediterráneo

Tiempo de preparación:	Tiempo de cocción:	Porciones:
15 minutos	50 minutos	6

Ingredientes

- Aceite de oliva extra virgen - 1 cda.
- Cebolla amarilla - 1, picada
- Carne molida - ½ lb.
- Sal y pimienta
- Pimienta de Jamaica - ½ tsp.
- Ajo en polvo - ½ tsp.
- Garbanzos cocidos o enlatados - 1 taza
- Perejil picado - ½ taza, más para adornar
- Arroz de grano corto - 1 taza, remojado por 15 minutos, luego escurrido
- Pimentón picante o dulce - ½ tsp.
- 3 cucharadas de salsa de tomate
- Agua - 2 ¼ tazas
- Pimientos morrones - 6, sin la parte superior, sin el corazón
- Caldo de pollo - ¾ de taza

Instrucciones

1. Caliente el aceite en una olla y saltee las cebollas hasta que estén doradas.
2. Agregue la carne y cocine hasta que esté bien dorada.
3. Sazone con ajo en polvo, pimienta de Jamaica, sal y pimienta.
4. Añada los garbanzos y cocine brevemente.
5. Ahora agregue la salsa de tomate, el pimentón, el arroz y el perejil. Revuelva para mezclar.
6. Añada agua y cocine a fuego lento hasta que el líquido se haya reducido a la mitad.
7. Baje el fuego y cocine hasta que el arroz esté completamente cocido, de 15 a 20 minutos.
8. Mientras tanto, caliente una parrilla de gas a fuego medio-alto.
9. Ase el pimiento por 10 a 15 minutos, tapado.
10. Voltee los pimientos de vez en cuando para que todos los lados estén carbonizados. Retirar y enfriar.
11. Precaliente el horno a 350F.
12. Llene una bandeja para hornear con ¾-de taza de caldo y coloque los pimientos en ella.
13. Rellene los pimientos con el relleno de arroz cocido.
14. Cubrir el plato con papel de aluminio.
15. Hornee a 350F durante 20 a 30 minutos.
16. Retirar y adornar con perejil.
17. Servir.

Datos nutricionales por porción

- o Calorías: 281
- o Grasa: 4.8g
- o Carbohidratos: 44.4g
- o Proteína: 14,5 g

Muslos de pollo del mediterráneo

Tiempo de preparación: 10 minutos	Tiempo de cocción: 1 hora	Porciones: 4

Ingredientes

- o Muslos de pollo - 8, enjuagados y secados con palmaditas
- o Sal y pimienta
- o Aceite de oliva - 3 cdas. divididas
- o Patatas - 1 ½ libras, cortadas en trozos pequeños
- o Tomates cherry - 1 pinta
- o Pimientos rojos asados - 1 tarro (10 oz.), escurridos y cortados en rodajas
- o Alcaparras - ¼ taza, escurrida
- o Ajo - 8 dientes, machacados

- Orégano fresco - 5 ramitas
- 3 cucharadas de perejil finamente picado

Instrucciones

1. Precaliente el horno a 400F.
2. Sazone el pollo con sal y pimienta.
3. Añada el aceite a una bandeja para asar y dore el pollo hasta que esté ligeramente dorado (con la piel hacia abajo).
4. Voltee el pollo y apague el fuego.
5. Agregue el orégano, el ajo, las alcaparras, los pimientos rojos, los tomates y las papas.
6. Sazone con sal y pimienta, y rocíe con más aceite.
7. Cocine en el horno de 45 a 55 minutos.

Datos nutricionales por porción

- Calorías: 481
- Grasa: 20.1g
- Carbohidratos: 37.1g
- Proteína: 39,1 g

Camarones griegos con tomate y queso en rebanadas

Tiempo de preparación:	Tiempo de cocción:	Porciones:
10 minutos	20 minutos	6

Ingredientes

- Camarones grandes - 1 ½ lb. pelados, desvenados y secados con palmaditas
- Sal y pimienta negra
- Orégano seco - 1 ½ cdta. dividida
- Hierba de eneldo seca - 1 ½ cdta. dividida
- Una pizca de hojuelas de pimiento rojo
- Ajo - 6 dientes, picados y divididos
- Aceite de oliva extra virgen - 4 cucharadas divididas
- Cebolla roja - 1, picada
- Tomate cortado en dados en lata - 1 (26 oz.), parte del líquido escurrido
- Jugo de ½ limón
- Hojas de menta fresca picadas - 1 puñado
- Hojas de perejil fresco picado - 1 puñado
- Queso feta griego desmenuzado - 2 a 3 oz.
- Aceitunas Kalamata sin hueso - 6 o más, picadas

Instrucciones

1. Sazone los camarones con ½ cdta. de ajo, hojuelas de pimiento rojo, ½ cdta. de hierba de eneldo seca, ½ cdta. de orégano seco, sal y pimienta.
2. Rocíe con 2 cucharadas de aceite y revuelva para cubrir. Deje a un lado.
3. Caliente 2 cucharadas de aceite en una sartén.
4. Agregue el resto del ajo y la cebolla picada. Saltee hasta que esté fragante.
5. Agregue el jugo de limón, los tomates, el orégano seco restante, el eneldo, la sal y la pimienta.
6. Deje hervir, luego baje el fuego y cocine a fuego lento por 15 minutos.
7. Ahora agregue los camarones y cocine hasta que estén rosados, de 5 a 7 minutos.
8. Añada el perejil y la menta.
9. Espolvorear con aceitunas negras y queso en rebanadas.
10. Servir.

Datos nutricionales por porción

- Calorías: 190
- Grasa: 5.2g
- Carbohidratos: 11.9g
- Proteína: 25,9 g

Estofado de cordero marroquí

Tiempo de preparación: 15 minutos	Tiempo de cocción: 2 horas 15 minutos	Porciones: 6

Ingredientes

- Aceite de oliva extra virgen - 2 cucharadas y más si es necesario
- Cebolla amarilla - 1, picada
- Zanahorias - 3, en cubos
- Papas pequeñas - 6, peladas y cortadas en cubos
- Pierna de cordero deshuesada - 2.5 lb. cortada en cubos
- Ajo - 3 dientes, picados
- Albaricoques secos - ½ taza
- Canela - 1 barra
- Laurel - 1
- Pimienta inglesa molida - 1 ½ tsp.
- 1 cdta. de mezcla de especias marroquíes (ras el hanout)
- Jengibre molido - ½ tsp.
- Tomates ciruela - 6, de lata, cortados por la mitad
- Caldo de res bajo en sodio - 2 tazas ½
- Garbanzos - 1 lata (15 onzas)

Instrucciones

1. Calentar 2 cucharadas de aceite de oliva en una olla holandesa.
2. Agregue las papas, zanahorias y cebollas, y saltee de 4 a 5 minutos.
3. Sazonar con sal y pimienta y añadir el ajo.
4. Retirar la mezcla de la olla y reservar.
5. Añada más aceite si es necesario y dore el cordero por todos los lados. Sazone con sal y pimienta.
6. Vuelva a colocar las verduras en la olla.
7. Agregue especias, laurel, canela y albaricoques. Mezclar.
8. Añadir el caldo y los tomates ciruela, hervir durante 5 minutos.
9. Cubra la olla y cocine por 1 hora en un horno a 350F. Compruebe después de 1 hora si la mezcla necesita más caldo o agua.
10. Agregue los garbanzos y cocine en el horno por 30 minutos.
11. Retirar del horno y servir.

Datos nutricionales por porción

- Calorías: 502
- Grasa: 9.7g
- Carb:65,4 g

- Proteína: 43,5 g

Salmón mediterráneo ennegrecido con salsa

Tiempo de preparación:	Tiempo de cocción:	Porciones:
15 minutos	5 minutos	4

Ingredientes

- Tomates cherry - 2 tazas, picados
- Semillas de 1 granada grande
- Pimiento morrón - ½, picado
- Chalote - 1, picado
- Hojas de menta fresca - 10 a 15, picadas
- Perejil fresco - 1 puñado, picado
- Sal y pimienta
- Jugo de ½ limón
- Aceite de oliva extra virgen - 1 cda.

Para el salmón

- 1 cdta. de comino molido
- 1 cdta. de cilantro molido
- Pimentón dulce de espinaca - ¾ tsp.

- Pimiento de Alepo - ½ tsp.
- Ajo en polvo - ½ tsp.
- Pimienta de Cayena - ½ tsp.
- Filete de salmón con piel - 1 ½ lb.
- Sal y pimienta
- Aceite de oliva extra virgen según la necesidad

Ingredientes

1. Para hacer la salsa: combine los ingredientes de la salsa en un tazón. Mezclar y reservar.
2. Coloque la rejilla del horno aproximadamente 6 pulgadas debajo del elemento de la parrilla y precaliente la parrilla.
3. En un recipiente, mezcle todas las especias.
4. Sazone el salmón con sal y pimienta.
5. Luego frote la carne con la mezcla de especias.
6. Engrase una bandeja y coloque el salmón.
7. Ase el salmón por aproximadamente 5 minutos en el horno o hasta que el salmón alcance los 115 a 125F.
8. Si el salmón no está lo suficientemente cocido, hornee el salmón a 425°F durante 1 a 2 minutos.
9. Mientras tanto, ase las mitades de limón en una sartén hasta que estén doradas.
10. Sirva el salmón con la salsa. Rocíe el jugo de limón encima.

Datos nutricionales por porción

- Calorías: 390
- Grasa: 19.6g
- Carbohidratos: 16.5g
- Proteína: 40,5 g

Pavo asado con ajo y hierbas

Tiempo de preparación: 30 minutos	Hora de cocinar: 45 minutos	Porciones: 4

Ingredientes

- Pechuga de pavo con hueso - 2 ½ lb.
- Sal al gusto
- 1 cdta. de pimienta inglesa molida
- Pimentón - 1 cdta.
- Pimienta negra molida - 1 cdta.
- Nuez moscada - ½ tsp.
- Ajo - 1 cabeza, picado
- Perejil fresco picado - 1 puñado
- Aceite de oliva extra virgen - ½ taza y más
- Chalotes pequeños - 7 a 8, cortados por la mitad

- Apio - 7 palitos, picados

Para las uvas

- Uvas rojas sin semilla - 1 lb.
- Aceite de oliva extra virgen según necesidad
- Sal al gusto

Instrucciones

1. Sazone el pavo con sal y pimienta por ambos lados, incluso debajo de la piel.
2. Precaliente el horno a 450F.
3. Agregue las uvas a una (9 1/2" x 13") bandeja para hornear.
4. Rocíe con un poco de aceite y sazone con sal.
5. Asar en el horno durante 15 minutos. Luego, coloque a un lado en un tazón.
6. Mezcle las especias en un tazón. Sazone el pavo con la mezcla de especias, incluso debajo de la piel.
7. En un recipiente grande, combine ½-taza de aceite de oliva, ajo y perejil.
8. Agregue el pavo en el tazón y cubra bien. También, aplique la mezcla debajo de la piel.
9. Añada el apio y los chalotes a la sartén anterior. Rocíe con aceite de oliva y sazone con sal.
10. Coloque la pechuga de pavo encima.

11. Coloque la rejilla del horno en el tercio inferior del horno precalentado. Coloque la sartén con el pavo.
12. Ase a 350°F hasta que el pavo alcance los 165°F, aproximadamente 45 minutos.
13. Revise el pavo después de 30 minutos. Si está oscureciendo demasiado, cúbralo con papel de aluminio y continúe asando.
14. Añada las uvas de nuevo en los últimos 5 minutos de tostado.
15. Retire el pavo del horno y deje reposar durante 20 minutos.
16. Cortar y servir.

Datos nutricionales por porción

- o Calorías: 328
- o Grasa: 23.1g
- o Carbohidratos: 26g
- o Proteína: 7,4 g

Verduras asadas griegas (BRIAM)

Tiempo de preparación: 20 minutos	Tiempo de cocción: 75 minutos	Porciones: 6

Dieta mediterránea para principiantes

Ingredientes

- Patatas doradas - 1 ¼ lb. peladas y cortadas en rodajas finas
- Zucchini - 1 ¼ lb. en rodajas finas
- Sal y pimienta
- Orégano seco - 2 cdtas.
- 1 cdta. de romero seco
- Perejil picado - ½ taza
- Ajo - 4 dientes, picados
- Aceite de oliva extra virgen
- Tomates cortados en dados y enlatados con jugo - 1 lata (28-oz.)
- Cebolla roja grande - 1, cortada en rodajas finas

Instrucciones

1. Coloque una rejilla en el centro y precaliente el horno a 400F.
2. En un recipiente, coloque los calabacines y las papas rebanadas. Sazone con romero, orégano, sal y pimienta.
3. Agregue una llovizna generosa de aceite de oliva, perejil y ajo. Revuelva para cubrir bien.
4. Vierta ½ de los tomates en dados enlatados en una sartén grande. Extienda para cubrir el fondo.
5. Coloque los calabacines cubiertos, las papas y las cebollas rebanadas en la sartén (sobre los tomates).

6. Cubra con el resto de los tomates cortados en cubitos de la lata.
7. Cubra la sartén con papel de aluminio y hornee en el horno durante 45 minutos a 400°F.
8. Luego retire el papel de aluminio y ase sin tapar hasta que los vegetales estén cocidos, aproximadamente de 30 a 40 minutos.
9. Sacar del horno, enfriar y servir.

Datos nutricionales por porción

- Calorías: 68
- Grasa: 2.6g
- Carbohidratos: 10.6g
- Proteína: 1.7g

Pollo Marroquí

Tiempo de preparación: 20 minutos	Hora de cocinar: 45 minutos	Porciones: 4

Ingredientes para el aliño de especias

- o   Ras El Hanout natural - 1 ½ tbsp.
- o   Canela molida - 1 ½ cdta.
- o   Pimentón dulce - 1 cdta.
- o   1 cdta. de jengibre molido
- o   Pimienta negra - ½ hasta 1 cdta.

Para el pollo

- o   Pollo entero - 3 ½ lb. cortado en 7 a 8 piezas
- o   sal kosher
- o   Aceite de oliva extra virgen - 2 cucharadas y más si es necesario
- o   Cebolla amarilla - 1, picada
- o   Ajo - 4 dientes, picados
- o   Cilantro fresco picado - 1 oz.
- o   Limón - 1 rebanada fina
- o   Aceitunas verdes sin hueso - ¾ de taza
- o   Pasas - ¼ de taza
- o   Albaricoques secos picados - ¼ de taza
- o   Pasta de tomate - 3 cdas.
- o   Caldo de pollo bajo-medio - 1 ½ taza
- o   Almendras tostadas en rodajas

Instrucciones

1. Combine el Hanout y el resto de las especias para hacer un masaje.

2. Sazone los trozos de pollo con sal y frótelos con la mezcla de especias. Recuerde frotar debajo de la piel. Tape y deje marinar por 2 horas o toda la noche en el refrigerador.
3. Caliente 2 cucharadas de aceite de oliva en una sartén de 12 pulgadas de profundidad.
4. Agregue el pollo (con la piel hacia abajo) y dore por 5 minutos. Luego voltee y dore el otro lado durante 5 minutos.
5. Baje el fuego y agregue el cilantro, el ajo y las cebollas. Tape y cocine por 3 minutos.
6. Luego agregue los albaricoques secos, las pasas, las aceitunas y las rodajas de limón.
7. Mezcle el caldo de pollo y la pasta de tomate en un tazón, luego vierta la mezcla encima del pollo.
8. Aumente la temperatura y cocine a fuego lento por 5 minutos. Luego tape y cocine a fuego medio-bajo hasta que el pollo esté tierno y bien cocido, aproximadamente de 30 a 45 minutos.
9. Adorne con almendras tostadas y cilantro fresco.
10. Servir.

Datos nutricionales por porción

- Calorías: 374
- Grasa: 21.5g

- o Carbohidratos: 16.3g
- o Proteína: 31,1 g

Giro de albóndigas de pavo griego con tzatziki

Tiempo de preparación:	Tiempo de cocción:	Porciones:
10 minutos	16 minutos	4

Ingredientes para la albóndiga de pavo

- o Pavo molido - 1 lb.
- o Cebolla roja cortada en dados finos - ¼ de taza
- o Ajo - 2 dientes, picados
- o 1 cdta. de orégano
- o Espinaca fresca picada - 1 taza
- o Sal y pimienta al gusto
- o Aceite de oliva - 2 cdas.

Salsa Tzatziki

- o Yogur griego natural - ½ taza
- o Pepino rallado - ¼ de taza
- o Jugo de limón - 2 cdas.
- o Eneldo seco - ½ tsp.

- Ajo en polvo - ½ tsp.
- Sal al gusto
- Cebolla roja cortada en rodajas finas - ½ taza
- Tomate en dados - 1 taza
- Pepino en dados - 1 taza
- Panes planos de trigo integral - 4

Ingredientes

1. En un recipiente, agregue la espinaca fresca, sal, pimienta, orégano, ajo, cebolla roja y pavo molido. Mezcle bien. Luego forme bolas de 1 pulgada con la mezcla.
2. Caliente el aceite de oliva en una sartén.
3. Agregue las albóndigas y cocine hasta que estén doradas por todos lados, de 3 a 4 minutos por lado. Retirar y reservar.
4. Mientras tanto, en un tazón, agregue el jugo de limón, la sal, el ajo en polvo, el eneldo, el pepino y el yogur. Mezcle bien.
5. Montar los giroscopios sobre panes planos.
6. Cubra con la salsa y sirva.

Datos nutricionales por porción (1 pan plano y 3 albóndigas)

- Calorías: 429
- Grasa: 19g

Dieta mediterránea para principiantes

- Carbohidratos: 38g
- Proteína: 28 g

Capítulo 12: Recetas para la cena

Salmón al horno con salsa de cilantro al ajo

Tiempo de preparación:	Tiempo de cocción:	Porciones:
5 minutos	10 minutos	6

Ingredientes para la salsa

- Dientes de ajo - 4 a 6, picados
- Sal
- Cilantro - 1 manojo entero, tallos recortados
- Aceite de oliva extra virgen - ½ taza
- Jugo de 1 lima

Para el salmón

- Filete de salmón sin piel - 2 lb.
- Sal y pimienta
- Tomate grande - 1 grande, cortado en rodajas
- Lima - ½, en rodajas

Instrucciones

1. Precaliente el horno a 425F.

2. Mezcle todos los ingredientes de la salsa en un procesador de alimentos para hacer una salsa.
3. Engrase una bandeja para hornear y coloque el filete de salmón encima. Espolvorear con sal y pimienta.
4. Cubra el salmón con la salsa.
5. Coloque las rodajas de limón y tomate encima del filete de salmón.
6. Hornee por 10 a 12 minutos a 425F.
7. Luego retírelo y cúbralo sin apretarlo con papel de aluminio.
8. Hornear otros 8 minutos más.
9. Servir.

Datos nutricionales por porción

- Calorías: 302
- Grasa: 16.7g
- Carbohidratos: 5.4g
- Proteína: 34,4 g

Albóndigas griegas al horno

Tiempo de preparación: 20 minutos	Tiempo de cocción: 1 hora	Porciones: 8 (16 albóndigas)

Ingredientes

- Pan de trigo integral - 2 rebanadas, tostadas
- Leche - ¼ a 1/3 de taza
- Carne molida magra - 1.5 lb.
- Cebolla amarilla pequeña - 1, picada
- Ajo - 3 dientes, picados
- Huevos - 2
- 1 cdta. de comino molido
- Canela molida - ½ tsp.
- Orégano seco - ½ tsp.
- Perejil fresco picado - ½ taza
- Sal y pimienta
- Aceite de oliva extra virgen para rocear

Para la salsa roja

- Aceite de oliva extra virgen - 2 cdas.
- Cebolla amarilla - 1, picada
- Ajo - 2 dientes, picados
- Vino tinto seco - ½ taza
- Salsa de tomate en lata - 30 oz.
- Laurel - 1
- Comino molido - ¾ tsp.
- Canela - ½ tsp.
- Azúcar - ½ tsp.
- Sal y pimienta

Instrucciones

1. Añadir el pan tostado en un bol y cubrir con leche para que se remoje. Una vez que esté completamente empapada, exprima la leche y deséchela.
2. En un recipiente, agregue la carne de res, el resto de los ingredientes de las albóndigas y el pan remojado.
3. Amasar para combinar. Tapar y reservar en la nevera.
4. Precaliente el horno a 400F.
5. Mientras tanto, preparar la salsa: calentar el aceite en una sartén.
6. Agregue las cebollas y cocine por 3 minutos.
7. Agregue el ajo y cocine por 1 minuto más.
8. Añada el vino tinto y cocine hasta que se reduzca a la mitad.
9. Agregue la hoja de laurel, la salsa de tomate y el resto de los ingredientes de la salsa.
10. Deje hervir, luego baje el fuego y cocine a fuego lento por 15 minutos.
11. Engrase un molde grande para hornear con aceite de oliva.
12. Retire la mezcla de carne del refrigerador.
13. Mójese las manos y haga albóndigas grandes. Usted debe obtener de 15 a 16 albóndigas.
14. Coloque las albóndigas en la bandeja para hornear y cubra con la salsa.

15. Hornee en la parrilla central del horno hasta que las albóndigas estén bien cocidas, aproximadamente de 40 a 45 minutos. Compruebe una vez y añada agua si es necesario.
16. Retirar y rociar con aceite de oliva.
17. Adorne con perejil y sirva.

Datos nutricionales por albóndiga

- Calorías: 64
- Grasa: 2.7g
- Carbohidratos: 7.5g
- Proteína: 2,2 g

Estofado de Garbanzos al Estilo Español

Tiempo de preparación: 15 minutos	Tiempo de cocción: 25 minutos	Porciones: 8

Ingredientes

- Aceite de oliva extra virgen - 1 cucharada y más según sea necesario

Dieta mediterránea para principiantes

- Espinaca - 10 oz.
- Almendras escaldadas - 2 ½ oz.
- Pan de trigo integral - 2 rebanadas (sin corteza y cortado en cubos pequeños)
- Ajo - 3 dientes, picados
- Comino molido - 1 ¼ cdta.
- Pimentón ahumado - ½ tsp.
- Pimienta de Cayena - ½ tsp.
- Sal y pimienta
- Vinagre de Jerez - 2 cdas.
- Cebolla pequeña - 1, picada
- Pimiento morrón - 1 pequeño, sin corazón y picado
- Garbanzos en lata - 1 lb. escurridos y enjuagados
- Salsa de tomate - ½ cup

Para adornar

- Almendras tostadas blanqueadas
- Pan cortado en cubos, tostado en aceite de oliva
- Hojas de cilantro fresco

Instrucciones

1. Caliente el aceite en una sartén.
2. Agregue las espinacas y sofría hasta que se marchiten. Retire del fuego y escurra.

3. Añada más aceite a la sartén y añada el pan y las almendras.
4. Saltee hasta que las almendras estén doradas.
5. Agregue las especias, el ajo, la sal y la pimienta.
6. Cocine hasta que el ajo se coloree.
7. Enfriar la mezcla y luego agregarla a un procesador de alimentos.
8. Agregue el vinagre y pulse hasta que esté pastoso. Deje a un lado.
9. Limpiar la sartén y añadir un poco más de aceite.
10. Agregue el pimiento y la cebolla y sofría hasta que estén tiernos.
11. Añada ½-taza de agua, salsa de tomate y garbanzos. Sazone con sal y pimienta.
12. Deje hervir, luego baje el fuego y cocine a fuego lento por 10 minutos.
13. Añadir la mezcla de pan y las espinacas marchitas a los garbanzos.
14. Revuelva y cocine a fuego lento por 5 minutos. Pruebe y ajuste la sazón.
15. Agregue un poco de vinagre. Adorne con almendras tostadas, pan tostado y cilantro.
16. Rocíe con aceite de oliva y sirva.

Datos nutricionales por porción

- Calorías: 192

- Grasa: 8g
- Carbohidratos: 24.2g
- Proteína: 7,6 g

Calabaza butternut con lentejas y quinoa

Tiempo de preparación:	Tiempo de cocción:	Porciones:
20 minutos	25 minutos	8

Ingredientes

- Calabaza entera pequeña - 1, pelada y cortada en cubos
- Sal al gusto
- 2 cdtas. de canela molida dividida
- Pimienta de Jamaica - 2 cucharaditas divididas
- Cilantro - 1 cucharadita dividida
- Pimentón - 1 cucharadita dividida
- Comino - ¾ tsp.
- Ajo - 6 dientes, pelados
- Aceite de oliva extra virgen
- Quinua seca - 1 taza, remojada unos minutos, luego enjuagada
- Lentejas negras secas - 1 taza, clasificadas y enjuagadas

- o Agua
- o Escalpiones - 2, partes blanca y verde, recortados y picados
- o Perejil fresco - 1 puñado, picado
- o Jugo de limón fresco
- o Tejido de almendra en tiras - ½ taza

Instrucciones

1. Precaliente el horno a 425F.
2. Coloque los cubos de calabaza en una bandeja para hornear grande.
3. Sazone con ¼ cdta. de comino, ½ cdta. de pimentón, ½ cdta. de cilantro, 1 cdta. de pimienta de Jamaica, 1 cdta. de canela y sal.
4. Rocíe con aceite de oliva y mezcle.
5. Esparcir la calabaza uniformemente y hornear en la parrilla de molienda durante 15 minutos. Luego retire del fuego, añada el ajo y rocíe con más aceite. Revuelva y hornee antes de otros 10 minutos.
6. Mientras tanto, haga la quinua y las lentejas.
7. Añada 3 tazas de agua y lentejas en una sartén. Sazonar con sal y llevar a ebullición.
8. Luego baje el fuego y cocine a fuego lento de 20 a 25 minutos. Drenar.
9. Cocine la quinua al mismo tiempo de acuerdo a las instrucciones del paquete.

10. Coloque la quinua cocida y las lentejas en un recipiente grande. Sazone con sal y el resto de las especias. Mezcle para combinar. Añadir la calabaza cocida.
11. Agregue los cebollines, el perejil fresco y el ajo picado.
12. Revuelva para mezclar. Rocíe con jugo de limón y aceite de oliva.
13. Mezcle de nuevo. Cubra con almendras tostadas y sirva.

Datos nutricionales por porción

- Calorías: 245
- Grasa: 6.5g
- Carbohidratos: 38.3g
- Proteína: 11 g

Camarones al limón y ajo con guisantes y alcachofas

Tiempo de preparación:	Tiempo de cocción:	Porciones:
10 minutos	20 minutos	4

Ingredientes

- Cilantro molido - 1 ½ tsp.

- Comino molido - 1 ½ cdta.
- 1 cdta. de pimienta estilo Alepo
- 1 cdta. de pimentón dulce de espinaca

Para los camarones

- Camarones o langostinos grandes - 1 lb. (pelado, desvenado, con cola)
- Sal y pimienta
- Aceite de oliva extra virgen - 2 cdas.
- Cebolla pequeña - 1, rebanada
- Dientes de ajo - 6 a 8, picados
- Vino blanco seco - 1 taza
- Jugo de limón fresco - 2 cdas.
- Miel - 2 cdtas.
- Caldo de pollo - ½ taza
- Guisantes congelados - 1 ½ taza, descongelados
- Alcachofas pequeñas - 1 lata (15-oz.), escurridas
- Queso parmesano rallado al gusto
- Perejil fresco picado para adornar

Instrucciones

1. Mezclar las especias en un bol.
2. Coloque los camarones en otro recipiente y sazone con sal y aproximadamente 2 cucharaditas de la mezcla de especias. Ponga los camarones a un lado.

3. Calentar 2 cucharadas de aceite de oliva en una sartén.
4. Agregue las cebollas y sofría por 5 minutos.
5. Agregue el ajo y sofría de 1 a 2 minutos más. No deje que se consuma
6. Añadir el vino blanco y calentar hasta que se reduzca a la mitad.
7. Luego agregue el caldo, la miel y el jugo de limón. Aumentar el fuego y llevar la mezcla a ebullición.
8. Añadir las alcachofas y los guisantes. Sazone con sal y pimienta, y el resto de las especias.
9. Cocine hasta que los guisantes estén bien cocidos, unos 10 minutos.
10. Agregue los camarones y cocine hasta que estén rosados.
11. Retirar del fuego y decorar con perejil fresco y parmesano.
12. Servir.

Datos nutricionales por porción

- Calorías: 323
- Grasa: 8.9g
- Carbohidratos: 24.7g
- Proteína: 29,8 g

Pescado al horno mediterráneo con tomates y alcaparras

Tiempo de preparación: 5 minutos	Hora de cocinar: 30 minutos	Porciones: 6

Ingredientes

- Aceite de oliva extra virgen - 1/3 taza
- Cebolla roja pequeña - 1, finamente picada
- Tomates grandes - 2, cortados en cubos
- Ajo - 10 dientes, picados
- Cilantro molido - 1 ½ tsp.
- 1 cdta. de pimentón español dulce natural
- 1 cdta. de comino orgánico molido
- Pimienta de Cayena - ½ tsp.
- Alcaparras - 1 ½ cda.
- Sal y pimienta
- Pasas doradas - 1/3 de taza
- Filete de pescado blanco - 1 ½ lb.
- Jugo de ½ limón
- Cáscara de 1 limón
- Perejil fresco

Instrucciones

1. Caliente el aceite de oliva a fuego medio en una cacerola.
2. Agregue las cebollas y sofría hasta que estén doradas, aproximadamente 3 minutos.
3. Agregue las pasas, alcaparras, pimienta, sal, especias, ajo y tomates.
4. Deje hervir, baje el fuego y cocine a fuego lento por 15 minutos más o menos.
5. Caliente el horno a 400F.
6. Sazone el pescado con sal y pimienta por ambos lados.
7. En el fondo de una fuente para hornear 9 1/2" x 13", vierta ½ de la salsa de tomate cocida.
8. Colocar el pescado encima, añadir el zumo de limón y bromear. Cubra con el resto de la salsa de tomate.
9. Hornee a 400°F durante 15 a 18 minutos, o hasta que el pescado esté cocido.
10. Retirar del fuego y decorar con perejil.
11. Servir.

Datos nutricionales por porción

- Calorías: 308
- Grasa: 17.4g
- Carbohidratos: 13.3g
- Proteína: 27 g

Berenjena a la brasa al estilo griego

Tiempo de preparación:	Tiempo de cocción:	Porciones:
20 minutos	55 minutos	6

Ingredientes

- Berenjena - 1.5 lb. cortada en cubos
- Sal
- Aceite de oliva extra virgen - ¼ taza, y más si es necesario
- Cebolla amarilla - 1 grande, picada
- Pimiento verde - 1, sin corazón y cortado en cubitos
- Zanahoria - 1, picada
- Ajo - 6 dientes, picados
- Hojas de laurel - 2
- Pimentón dulce - 1 a 1 ½ tsp.
- 1 cdta. de cilantro molido
- Orégano seco - 1 cdta.
- Canela molida - ¾ tsp.
- Cúrcuma orgánica molida - ½ tsp.
- Pimienta negra - ½ tsp.
- Tomate picado - 1 lata (28 onzas)
- Garbanzos - 2 latas (15 onzas), reservar el líquido
- Perejil y menta para adornar

Instrucciones

1. Caliente el horno a 400F.
2. Sazonar los cubos de berenjena con sal y colocarlos en un colador durante 20 minutos. Luego enjuague con agua y seque con palmaditas.
3. Caliente la taza de aceite de oliva en un recipiente grande.
4. Agregue la zanahoria, los pimientos y las cebollas.
5. Saltear durante 2 a 3 minutos.
6. Luego agregue sal, especias, laurel y ajo. Saltear durante 1 minuto.
7. Agregue los garbanzos con el líquido, el tomate y la berenjena. Revuelva para combinar.
8. Llevar a ebullición durante 10 minutos más o menos. Revuelva a menudo.
9. Luego remueva de la estufa y transfiera al horno.
10. Cocine en el horno sin tapar hasta que la berenjena esté completamente cocida, aproximadamente 45 minutos. Compruebe una vez durante la cocción si se necesita más líquido.
11. Retirar del horno y rociar con aceite de oliva.
12. Adorne con hierbas y sirva.

Datos nutricionales por porción

- Calorías: 438

- Grasa: 5.8g
- Carbohidratos: 86g
- Proteína: 19 g

Cazuela de patatas a la egipcia

Tiempo de preparación: 15 minutos	Tiempo de cocción: 1 hora 10 minutos	Porciones: 6

Ingredientes para la salsa de carne

- Aceite de oliva extra virgen - 2 cdas.
- Cebolla amarilla picada - 1 taza
- Ajo - 3 dientes, picados
- Carne de res molida magra orgánica - 1 lb.
- Pimienta inglesa molida - 1 ½ tsp.
- Cilantro - 1 ½ tsp.
- Pimentón dulce - ½ tsp.
- Sal y pimienta
- Tomate pelado - 1 lata (28 onzas)
- Agua - ½ taza

Para las patatas

- ○ Patatas doradas - 1 ½ lb. peladas y cortadas en trozos
- ○ Zanahorias grandes - 3, peladas y picadas
- ○ Pimiento verde - 1, sin corazón y cortado en tiras
- ○ Sal y pimienta
- ○ Pimienta de Jamaica - ¾ tsp.
- ○ Cilantro - ¾ tsp.
- ○ Agua
- ○ Perejil fresco picado - ½ taza

Instrucciones

1. Caliente el horno a 375F.
2. Calentar 2 cucharadas de aceite de oliva en una sartén.
3. Agregue la cebolla y sofría hasta que esté translúcida.
4. Luego agregue el ajo y cocine por 30 segundos.
5. Agregue la carne molida y sazone con sal, pimienta y especias.
6. Saltee hasta que se doren por completo.
7. Añadir agua y tomates pelados.
8. Lleve a ebullición, luego baje el fuego. Tape y cocine a fuego lento por 10 minutos.
9. Pruebe y ajuste la sazón.
10. Arregle los pimientos, las zanahorias y las papas en una bandeja para hornear de 9″ x 13″

11. Sazone con cilantro, pimienta de Jamaica, sal y pimienta. Mezcle para combinar.
12. Añada ¾ taza de agua y cubra con la salsa de carne.
13. Cubrir con papel de aluminio y hornear durante 30 minutos. Luego retire el papel de aluminio y hornee hasta que las papas estén tiernas, aproximadamente de 10 a 15 minutos.
14. Retirar del horno y cubrir con perejil.
15. Servir.

Datos nutricionales por porción

- Calorías: 280
- Grasa: 9g
- Carbohidratos: 30.6g
- Proteína: 20,6 g

Receta de Pollo y Arroz Español

Tiempo de preparación: 10 minutos	Tiempo de cocción: 1 hora	Porciones: 4

Ingredientes para el pollo

- Arroz de grano medio - 1 taza ½ (remojado 15 minutos, luego escurrido)
- Muslos de pollo - 4, con hueso, con piel (seco)
- Baquetas de pollo - 4, con piel (seco)
- Aceite de oliva
- Chorizo a granel - sin tripa de 12 oz.
- Pimiento verde - 1 grande, sin corazón, picado
- Cebolla roja - 1 mediana, pelada y picada
- Ajo - 2 dientes, pelados y machacados
- Tomate maduro grande - 1, picado
- 3 cucharadas de salsa de tomate
- Caldo de pollo - 3 tazas

Para el aliño de especias

- Pimentón ahumado - 1 cda.
- 1 cucharadita de ajo en polvo
- Sal - 1 cdta.
- Pimienta negra - 1 cdta.
- Pimienta de Cayena - ½ tsp.

Instrucciones

1. Mezclar los ingredientes de las especias en un bol.
2. Frotar el pollo con las especias. Además, frote bajo la piel.

3. Caliente 1 cucharada de aceite de oliva en una sartén honda.
4. Agregue el pollo y dore profundamente por ambos lados. Retirar y reservar.
5. Añadir el chorizo en una sartén. Cocine hasta que se doren, unos 10 minutos.
6. Añadir los pimientos verdes y cocinar otros 5 minutos. Revuelva ocasionalmente.
7. Añada el caldo de pollo, la pasta de tomate, el tomate picado, el ajo, las cebollas y el pollo dorado de nuevo a la sartén.
8. Lleve a ebullición y baje el fuego a medio y tape.
9. Cocine por 25 minutos.
10. Destape y retire el pollo.
11. Agregue el arroz al líquido de cocción y cocine de 1 a 2 minutos, sin tapar.
12. Ahora agregue el pollo de nuevo encima del arroz.
13. Baje el fuego y cubra la sartén.
14. Cocine hasta que el arroz esté completamente cocido, de 20 a 25 minutos.
15. Apague el fuego y mantenga la sartén tapada durante 10 minutos.
16. Servir.

Datos nutricionales por porción

- Calorías: 806

- Grasa: 35.2g
- Carbohidratos: 64g
- Proteína: 54,5 g

Capítulo 13: Aperitivos y bocadillos

Dip de queso en rebanadas al estilo mediterráneo

Tiempo de preparación: 5 minutos	Tiempo total: 5 minutos	Porciones: 6

Ingredientes

- Queso en rebanadas - 8 a 10 oz. desmenuzado
- Queso crema - 3 oz. a temperatura ambiente
- Aceite de oliva - 3 cdas.
- Miel - 1 cdta.
- Pepino persa - 1, picado
- Jalapeño - 1, picado
- Bocaditos de tomate secados al sol - ¾ de taza
- Hojas de albahaca - 10, rotas
- Cebollino picado - 1 ½ cda.

Instrucciones

1. En un recipiente, coloque la miel, 1 cucharada de aceite de oliva, queso crema y queso en rebanadas. Mezclar para combinar.

2. Añada 2 cucharadas de aceite de oliva y el resto de los ingredientes. Combinar.
3. Transfiera la salsa de queso en rebanadas a un recipiente para servir.
4. Sirva con papas fritas de pita o pan.

Datos nutricionales por porción

- Calorías: 251
- Grasa: 21.6g
- Carbohidratos: 7.6g
- Proteína: 8,5 g

Hummus

Tiempo de preparación: 5 minutos	Tiempo de cocción: 15 minutos	Porciones: 8

Ingredientes

- Garbanzos cocidos - 3 tazas, pelados
- Ajo - 1 a 2 dientes, picados
- Cubitos de hielo - 3 a 4

- Pasta de tahini - 1/3 taza
- Sal - ½ tsp.
- Jugo de 1 limón
- Agua caliente si es necesario
- Aceite de oliva extra virgen
- Zumaque

Intrucciones

1. Pula el ajo picado y los garbanzos en un procesador de alimentos hasta que se forme una mezcla similar al polvo.
2. Mantenga el procesador en funcionamiento y agregue jugo de limón, sal, tahini y cubitos de hielo. Licuar durante unos 4 minutos. Mezcle hasta obtener una mezcla homogénea. Añada un poco de agua caliente si es necesario.
3. Untar en un recipiente para servir y rociar con aceite de oliva.
4. Espolvoree el zumaque y disfrútelo con verduras o trozos de pita.

Datos nutricionales por porción

- Calorías: 176
- Grasa: 8.7g

- Carbohidratos: 19.4g
- Proteína: 7,2 g

Baba Ganoush

Tiempo de preparación: 10 minutos	Hora de cocinar: 40 minutos	Porciones: 4

Ingredientes

- Berenjena grande - 1, cortada por la mitad
- Aceite de oliva extra virgen
- Yogur griego natural - 1 cda.
- Tahini - 1 ½ cda.
- Diente de ajo - 1
- Jugo de lima o limón - 1 cda.
- Sal y pimienta
- Pimienta de Cayena - ½ cdta. a 1 cdta.
- Sumac - ½ tsp. más para decorar
- Piñones tostados y perejil para adornar

Instrucciones

1. Precaliente el horno a 425F.

2. Haga unas cuantas aberturas en la piel de la berenjena.
3. Espolvorear la carne de la berenjena con sal y reservar durante unos minutos. Luego séquelo con un paño seco.
4. Engrasar ligeramente una bandeja para hornear y colocar las mitades de las berenjenas con la carne hacia abajo.
5. Rocíe con aceite de oliva y hornee a 425°F hasta que la berenjena se ablande completamente, aproximadamente de 30 a 40 minutos. Retirar del horno y reservar para que se enfríe.
6. Sacar la carne y escurrirla en un colador.
7. En un procesador de alimentos, agregue el jugo de limón, las especias, el ajo, el tahini, el yogur y la carne de berenjena. Pulso para mezclar. No mezclar demasiado.
8. Extienda el baba ganoush en un tazón.
9. Rocíe con aceite de oliva, zumaque, piñones y perejil.
10. Servir con pan de pita.

Datos nutricionales por porción

- Calorías: 287
- Grasa: 27.3g
- Carbohidratos: 11.5g
- Proteína: 3.3g

Plato para fiestas mediterráneas

Tiempo de preparación: 20 minutos	Tiempo total: 20 minutos	Porciones: 12

Ingredientes

- Berenjenas - 2, cortadas a lo largo
- Sal
- Aceite de oliva
- Hummus cremoso comprado en la tienda - tina de 10 onzas (o hecha en casa)
- Hummus de pimiento rojo comprado en la tienda - Bañera de 10 onzas (o hecha en casa)
- Pimiento morrón - ½, sin corazón
- Tzatziki comprado en una tienda o hecho en casa - tina de 10 oz.
- Tomates Campari - 6, cortados en cuartos
- Pepinos bebé - 6, cortados en lanzas
- Aceitunas Kalamata sin hueso
- Corazones de alcachofa marinados - 1 lata (15 onzas)
- Queso feta griego - 6 oz. en cubos
- Bolas de queso mozzarella bebé - 6 oz.
- Jamón de Parma - 3 oz.
- Higos frescos de California - 6, cortados a la mitad
- Sumac - 1 cdta.

- Pan de pita para servir

Instrucciones

1. Sazonar las rodajas de berenjena con sal y reservar durante 20 minutos, luego secarlas.
2. Precaliente el horno a 400F.
3. Engrasar un molde de hornear con aceite y colocar las rodajas de berenjena. Rocíe con aceite y ase durante 20 minutos.
4. Mientras tanto, reúna el resto de los ingredientes en un plato grande.
5. Cuando la berenjena esté asada, retírela del horno y espolvoréela con 1 cucharadita de zumaque.
6. Disfrute con pita caliente y crostini.

Datos nutricionales por porción

- Calorías: 219
- Grasa: 12.1g
- Carbohidratos: 25 g
- Proteína: 7,2 g

Hummus de Aguacate y Salsa Verde

Tiempo de preparación: 15 minutos	Tiempo total: 15 minutos	Porciones: 6

Ingredientes para el hummus

- Ajo - 2 dientes
- Garbanzos - lata de 15 onzas, escurridos
- Aguacate mediano maduro - 1 ½, picado
- Yogur griego - 2 cdas.
- Tahini - 3 cdas.
- Sal
- Comino molido - ¼ tsp.
- Jugo de ½ lima
- Garbanzos enlatados líquidos
- Pimienta de Cayena - ¼ cdta. para adornar

Para la salsa verde

- Tomatillos grandes - 5, limpios y cortados a la mitad
- Hojas de cilantro frescas picadas - 1 taza empacada
- Cebolla roja picada - ½ taza
- Ajo - 1 diente
- Pimiento jalapeño - ½
- Sal y pimienta

- o   Jugo de ½ lima
- o   Aceite de oliva - 1 cda.

Instrucciones

1. Pulsar los garbanzos, el jugo de limón, el comino, la sal, el tahini, el yogur, el aguacate y el ajo en un procesador de alimentos hasta que estén suaves. Páselo a un recipiente para servir.
2. Adorne con pimienta de cayena, cubra y refrigere.
3. Limpie y seque el procesador de alimentos. Agregue los ingredientes de la salsa y mezcle hasta que esté suave.
4. Cubra el hummus de aguacate con 1/3 de taza de salsa verde (escurra la salsa verde antes de cubrirla).
5. Coloque el resto de la salsa en otro recipiente.
6. Sirva con tortillas fritas.

Datos nutricionales por porción

- o   Calorías: 234
- o   Grasa: 16.3g
- o   Carbohidratos: 19.6g
- o   Proteína: 6,3 g

Brie al horno con mermelada y nueces

Tiempo de preparación:	Tiempo de cocción:	Porciones:
5 minutos	10 minutos	10

Ingredientes

- Mermelada de higo o miel - 3 cdas. divididas
- Higos secos de misión - ¼ taza a 1/3 taza, en rodajas
- Pistachos sin cáscara - ¼ a 1/3 taza, picados
- Corazones de nuez - ¼ a 1/3 de taza, picados en trozos grandes
- Brie francés redondo - 13 oz.

Instrucciones

1. Precaliente el horno a 375F.
2. Cocine en el microondas la mermelada de higo durante 30 segundos para que se ablande.
3. Mezcle las nueces y los higos en rodajas en un tazón.
4. Agregue la mitad de la mermelada de higos y mezcle bien para cubrir la mezcla de nueces.
5. Coloque el queso brie en una sartén y cubra con el resto de la mermelada.
6. Cubra el brie con la mezcla de nueces e higos.

7. Coloque la sartén sobre una bandeja para hornear y hornee por 10 minutos a 375F.
8. Retirar y enfriar. Sirva con galletas saladas.

Datos nutricionales por porción

- Calorías: 168
- Grasa: 13.1g
- Carbohidratos: 6.4g
- Proteína: 0,7 g

Camarones al ajo con salsa

Tiempo de preparación: 10 minutos	Tiempo de cocción: 16 minutos	Porciones: 4

Ingredientes

- Camarones sin cocer - 1.5 lb. pelados, desvenados y enjuagados
- Sal y pimienta
- Aceite de oliva extra virgen

Salsa

- Ajo - 1 cabeza pequeña, recortada
- Hojas de cilantro picadas - 1 taza
- Jugo de 1 lima
- 1 cda. de vino blanco seco
- Aceite de oliva - 3 cdas.
- 2 cucharadas de salsa de chile

Instrucciones

1. Precaliente el horno a 400F.
2. Seque los camarones y sazone con sal y pimienta. Poner a un lado en la nevera.
3. Rocíe el ajo con aceite y ase en el horno de 10 a 15 minutos o hasta que esté tierno a 400°F. Retirar, pelar y picar.
4. En un recipiente, combine el ajo con el resto de los ingredientes de la salsa. Bata para mezclar y reserve.
5. Engrase una parrilla o parrilla y caliente a fuego medio-alto.
6. Cubrir los camarones con aceite de oliva y asar de 3 a 4 minutos por cada lado. No cocine demasiado.
7. Añadir los langostinos en un bol y cubrir con salsa de ajo.
8. Servir.

Datos nutricionales por porción

- Calorías: 380
- Grasa: 25.5g
- Carbohidratos: 4.2g
- Proteína: 34,7 g

Rollos de carne Phyllo Dough

Tiempo de preparación: 25 minutos	Tiempo de cocción: 23 minutos	Porciones: 16

Ingredientes

- Carne de res molida - 1 lb.
- Cebolla amarilla pequeña - 1, picada
- Pimienta de Jamaica - 1 cdta.
- Sal y pimienta
- Aceite de oliva - 1 cucharada más 1 taza

Ingredientes de llenado

- Queso cremoso en rebanadas - 5 oz.
- Queso mozzarella rallado - 1 taza
- Huevos - 2

- 1 cdta. de hierba de eneldo
- Aceite de oliva - 1 cda.

Otros

- Hojas de filo - 16 a 20
- Huevo - 1, mezclado con poca agua

Instrucciones

1. Precaliente el horno a 400F.
2. En una sartén, caliente 1 cucharada de aceite de oliva.
3. Añada las cebollas y sofría brevemente.
4. Agregue la carne molida y las especias.
5. Saltear durante 8 minutos o hasta que esté completamente cocido. Deje a un lado.
6. Agregue los otros ingredientes del relleno a la carne de res enfriada.
7. Colocar dos láminas de filo sobre una tabla de cortar y untar con aceite.
8. Cortar en el centro para hacer dos tiras largas.
9. Haz un panecillo con una tira.
10. Añadir el relleno y enrollar para cubrir. Recorte los extremos.
11. Cepille el rollo terminado con aceite y lave el huevo y colóquelo en una bandeja para hornear ligeramente engrasada. Repita con el otro rollo de hojaldre.

12. Hornee durante 15 minutos en el horno de 400F.
13. Retirar y servir tibio con un poco de salsa o un poco de salsa.

Datos nutricionales por porción

- Calorías: 303
- Grasa: 21.1g
- Carbohidratos: 16.1g
- Proteína: 13 g

Coliflor asada con limón y comino

Tiempo de preparación: 10 minutos	Hora de cocinar: 45 minutos	Porciones: 6

Ingredientes

- Coliflor - 1 cabeza, cortada en ramilletes
- Aceite de oliva extra virgen
- 2 cucharaditas de comino molido
- 1 cdta. de especias Harissa
- Sal y pimienta

- Jugo de limón - 1 a 2 cdas.
- Perejil fresco para adornar
- Piñones tostados - ¼ de taza

Para la salsa de tahini

- Ajo - 1 a 2 dientes
- Sal - ½ tsp.
- Pasta de tahini - ½ taza
- Jugo de limón - ½ taza
- Agua fría - ¼ cup
- Perejil - 1 taza

Instrucciones

1. Precaliente el horno a 475F.
2. Colocar los ramilletes de coliflor en una bandeja para hornear y rociar con aceite de oliva.
3. En un plato pequeño, combine el harissa y el comino.
4. Sazone la coliflor con sal, pimienta y mezcla de especias. Revuelva.
5. Cubra la bandeja para hornear con papel de aluminio y ase en el estante central del horno durante 15 minutos. A continuación, retire el papel de aluminio y ase durante 30 minutos más.
6. Mientras tanto, prepare la salsa de tahini: mezclar la sal y el ajo y hacer una pasta.

7. Pulsar el jugo de limón, la pasta de tahini y la pasta de ajo en un procesador de alimentos. Agregue un poco más de agua y mezcle hasta que esté suave.
8. Sacar la coliflor del horno y rociar con un poco de tahini y zumo de limón. Adorne con perejil fresco y nueces tostadas.
9. Servir.

Datos nutricionales por porción

- Calorías: 72
- Grasa: 2.8g
- Carbohidratos: 11.4g
- Proteína: 0,7 g

Pizza griega a la parrilla

Tiempo de preparación: 30 minutos	Tiempo de cocción: 6 minutos	Porciones: 2 (pizzas de 12 pulgadas)

Ingredientes

- Masa para pizza - 1 libra (casera o comprada en una tienda)
- Hummus - 1 libra
- Rúgula bebé - 1 taza
- Aceitunas griegas sin hueso - 2/3 taza
- Tomates cereza o uva - 2/3 taza, cortados por la mitad
- Queso feta desmenuzado - ¼ de taza
- Aceite de oliva para rocear

Instrucciones

1. Cortar la masa por la mitad y luego enrollarla con un rodillo para hacer círculos de 12 pulgadas.
2. Extender papel de pergamino y colocar sobre él los círculos de masa. Engrasar ligeramente las tapas.
3. Precaliente la parrilla a temperatura alta y coloque la piedra para hornear o asar en la parrilla.
4. Una a una, voltee los círculos de masa sobre las rejillas de la parrilla o la piedra. Ase de 2 a 3 minutos por cada lado.
5. Luego unte 8 onzas de hummus en cada corteza y cubra ambas con feta, aceitunas, tomates, rúcula y rocíe con aceite de oliva.
6. Servir.

Datos nutricionales por porción (1 pizza)

- o   Calorías: 1060
- o   Grasa: 39g
- o   Carbohidratos: 145 g
- o   Proteína: 39 g

Capítulo 14: Recetas para ensaladas y sopas

Crema de Coliflor Asada

Tiempo de preparación: 15 minutos	Tiempo de cocción: 60 minutos	Porciones: 6

Ingredientes

- Coliflor - 2 cogollos cortados en ramilletes
- Aceite de oliva extra virgen griego - 2 cucharadas y más para rocear
- Sal y pimienta
- Cebolla dulce pequeña - 1 picada
- Ajo - 5 dientes, picados
- Pimentón dulce - 2 ½ tsp.
- 2 cucharaditas de comino molido
- 1 cdta. de zumaque molido
- Cúrcuma molida - ¼ tsp.
- Caldo de verduras bajo en sodio - 4 tazas
- Agua - 1 taza
- Mitad y mitad sin grasa - 2 ½ tazas
- Jugo de ½ limón

- Eneldo fresco picado - 1 taza

Instrucciones

1. Precaliente el horno a 425F.
2. Coloque los ramilletes de coliflor en una sartén grande y sazone con sal y pimienta, y rocíe con aceite de oliva. Revuelva.
3. Esparcir los ramilletes de coliflor uniformemente y asar en el horno durante 45 minutos a 425°F. Gire una vez a la mitad del camino.
4. Calentar 2 cucharadas de aceite de oliva en una olla pesada.
5. Agregue las cebollas y sofría hasta que estén transparentes.
6. Agregue las especias y el ajo, y sofría por unos segundos.
7. Añadir ¾ de las coliflores tostadas y remover hasta cubrirlas con especias.
8. Luego agregue el agua y el caldo.
9. Lleve a ebullición y baje el fuego a medio. Cocine a fuego lento de 5 a 7 minutos.
10. Destape y retire del fuego. Mezcle con una batidora manual hasta que esté suave.
11. Vuelva a calentar y añada el jugo de limón y la mitad.
12. A continuación, añada la coliflor reservada.
13. Cocine brevemente y ajuste la sazón.
14. Agregue el eneldo y sirva.

Datos nutricionales por porción

- Calorías: 195
- Grasa: 10g
- Carbohidratos: 19.2g
- Proteína: 8,5 g

Sopa de frijoles mediterráneos con pesto de tomate

Tiempo de preparación:	Tiempo de cocción:	Porciones:
10 minutos	27 minutos	8

Ingredientes

- Aceite de oliva extra virgen - 2 cucharadas y más si es necesario
- Patata rústica grande - 1, cortada en cubos
- Cebolla amarilla mediana - 1, picada
- Tomates en dados - 1 lata (15-oz.)
- Vinagre blanco - 1 cda.
- Cilantro molido - 1 cda.
- Pimentón español - 1 cdta.
- Sal y pimienta
- Caldo vegetal bajo en sodio - 5 tazas

- Espinacas congeladas - 8 oz.
- Frijoles rojos - 1 lata (15-oz.)
- Frijoles Canelini - 1 lata (15-oz.)
- Garbanzos - 1 lata (15 onzas)
- Hojas de albahaca para adornar
- Piñones tostados - 1/3 taza, para adornar

Para salsa pesto de tomate

- Ajo grande - 2 a 3 dientes
- Tomates frescos cortados en dados - 1 ½ taza
- Hojas grandes de albahaca - 15 a 20
- Sal y pimienta
- Aceite de oliva extra virgen - ½ taza
- Queso parmesano rallado - 1/3 a ½ taza

Instrucciones

1. Calentar 2 cucharadas de aceite de oliva en una olla.
2. Agregue las cebollas y las papas, y sofría por 5 minutos.
3. Agregue sal, pimienta, especias, vinagre y tomates.
4. Combine, tape y cocine por 4 minutos más.
5. Agregue las espinacas congeladas y el caldo de verduras.
6. Deje hervir durante 4 minutos.
7. Agregue los garbanzos, los frijoles canelini y los frijoles rojos.

8. Vuelva a hervir, luego baje el fuego, tape y cocine de 15 a 20 minutos más.
9. Mientras tanto, haz la pasta de tomate. Pulsar los tomates y el ajo en un procesador de alimentos durante unas cuantas veces para combinarlos.
10. Añadir la albahaca y el puré. Poco a poco, rocíe con aceite de oliva.
11. Transfiera el pesto en un tazón y agregue el parmesano.
12. Retire la sopa cuando esté lista. Agregue el pesto de tomate.
13. Páselo a un recipiente para servir. Cubra cada tazón con piñones tostados y hojas de albahaca.
14. Servir.

Datos nutricionales por porción

- Calorías: 374
- Grasa: 16g
- Carbohidratos: 44.4g
- Proteína: 15,2 g

Sopa de jengibre de zanahoria asada

Tiempo de preparación:	Tiempo de cocción:	Porciones:
10 minutos	55 minutos	6

Ingredientes

- Zanahorias - 3 lb. peladas
- Aceite de oliva extra virgen
- Sal y pimienta
- Ajo - 4 dientes, picados
- 1 cdta. de jengibre fresco rallado
- Caldo vegetal bajo en sodio - 5 ½ tazas, divididas
- 1 cdta. de cilantro molido
- Pimienta de Jamaica - 1 cdta.
- Menta fresca para adornar

Instrucciones

1. Precaliente el horno a 425F.
2. Engrasar una bandeja para hornear con aceite y colocar las zanahorias sobre ella.
3. Sazone con sal y pimienta, y rocíe con aceite de oliva.
4. Ase en el horno por 45 minutos a 425F. Gire a mitad de camino

5. Corte las zanahorias en trozos y colóquelos en un procesador de alimentos con 3 tazas de caldo, jengibre y ajo. Haga un puré hasta que esté suave.
6. Añadir el puré de zanahoria en una olla.
7. Agregue la pimienta inglesa, el caldo restante y el cilantro.
8. Caliente a fuego medio y revuelva ocasionalmente.
9. Baje el fuego y agregue la crema espesa.
10. Retire de la estufa y transfiera a tazones para servir.
11. Adorne con hojas de menta fresca.

Datos nutricionales por porción

- Calorías: 191
- Grasa: 8.1g
- Carbohidratos: 28.9g
- Proteína: 3.3g

Sopa de pollo al limón griego

Tiempo de preparación: 5 minutos	Hora de cocinar: 30 minutos	Porciones: 6

Ingredientes

- Aceite de oliva - 1 cucharada y más según sea necesario
- Zanahorias - ½ a 1 taza, picadas
- Apio - ½ a 1 taza, picado
- Cebolla verde - ½ a 1 taza, picada
- Ajo - 2 dientes, picados
- Caldo de pollo bajo en sodio - 8 tazas
- Hojas de laurel - 2
- Arroz de grano corto - 1 taza
- Sal y pimienta
- Pechugas de pollo cocidas deshuesadas - 2, ralladas
- Jugo de limón - ½ cup
- Huevos - 2
- Perejil

Instrucciones

1. Calentar 1 cucharada de aceite de oliva en una olla holandesa.
2. Agregue cebollas verdes, apio y zanahorias.
3. Saltear y añadir el ajo.
4. Agregue el caldo y las hojas de laurel.
5. Ponga a hervir y agregue sal, pimienta y arroz.
6. Baje el fuego y cocine a fuego lento hasta que el arroz esté tierno, aproximadamente 20 minutos.
7. Ahora agregue el pollo cocido.

8. Para hacer la salsa, bata los huevos y el jugo de limón en un tazón.
9. Templar los huevos vertiendo 2 cucharones llenos de caldo de la olla (sin dejar de batir).
10. Mezcle bien y agregue la salsa a la sopa de pollo y revuelva para mezclar.
11. Adorne con perejil y sirva.

Datos nutricionales por porción

- Calorías: 247
- Grasa: 8.3g
- Carbohidratos: 29.8g
- Proteína: 12,3 g

Ensalada Tabouli

Tiempo de preparación: 20 minutos	Tiempo total: 20 minutos	Porciones: 6

Ingredientes

- Trigo bulgur extra fino - ½ taza (remojado 5 minutos y escurrido muy bien)
- Tomates Roma - 4, finamente picados
- Pepino inglés - 1, finamente picado
- Perejil - 2 manojos, finamente picados
- Menta - 12 a 15, finamente picada
- Cebolla verde - 4, blanca y verde, finamente picada
- Sal
- Jugo de limón - 3 a 4 cdas.
- Aceite de oliva extra virgen - 3 a 4 cdas.
- Hojas de lechuga romana para servir

Instrucciones

1. Picar muy finamente todas las hierbas, verduras y cebollas verdes y colocarlas en un bol.
2. Añadir el bulgur y sazonar con sal. Mezcle suavemente.
3. Ahora añadir el aceite de oliva, el zumo de limón y mezclar de nuevo.
4. Tape y refrigere por 30 minutos.
5. Servir.

Datos nutricionales por porción

- Calorías: 190
- Grasa: 10g

- o Carbohidratos: 25.5g
- o Proteína: 3,2 g

Ensalada Fattoush

Tiempo de preparación: 20 minutos	Tiempo total: 20 minutos	Porciones: 6

Ingredientes

- o Pan de pita - 2 panes, tostados hasta que estén crujientes, no dorados
- o Aceite de oliva extra virgen - 3 cdas.
- o Sumac - ½ tsp.
- o Sal y pimienta
- o Lechuga romana - 1 corazón picado
- o Pepino inglés - 1, picado
- o Tomates Roma - 5, picados
- o Cebollas verdes - 5 (tanto blancas como verdes), picadas
- o Rábanos - 5, sin tallos, cortados en rodajas
- o Perejil - 2 tazas, picado
- o Menta picada - 1 taza

Vinagreta de cal

- Jugo de 1 ½ lima
- Aceite de oliva extra virgen - 1/3 de taza
- Sal y pimienta
- 1 cdta. de zumaque molido
- Canela molida - ¼ tsp.
- Pimienta de Jamaica molida - ¼ tsp.

Instrucciones

1. En una sartén, caliente 3 cucharadas de aceite de oliva.
2. Parta el pan de pita en trozos y colóquelo en la sartén.
3. Saltear hasta que se doren. Agregue el zumaque, la sal y la pimienta.
4. Retire las papas fritas de pita y escúrralas en toallas de papel.
5. En un recipiente, combine las cebollas de verdeo, los tomates, el pepino, la lechuga, el rábano y el perejil.
6. Batir los ingredientes de la vinagreta de limón en un bol.
7. Aliñar la ensalada con vinagreta y mezclar.
8. Agregue las papas fritas de pita y revuelva para mezclar.
9. Servir.

Datos nutricionales por porción

- Calorías: 345
- Grasa: 20.4g

- Carbohidratos: 39.8g
- Proteína: 9,1 g

Ensalada mediterránea de atún con vinagreta

Tiempo de preparación: 15 minutos	Tiempo total: 15 minutos	Porciones: 6

Ingredientes para la vinagreta

- Mostaza de Dijon - 2 ½ cdta.
- Cáscara de 1 lima
- Jugo de 1 ½ lima
- Aceite de oliva extra virgen - 1/3 de taza
- Sumac - ½ tsp.
- Sal y pimienta
- Hojuelas de pimiento rojo trituradas - ½ tsp.

Para la ensalada de atún

- Atún de Génova en aceite de oliva - 3 latas (5 onzas)
- Apio - 2 tallos ½, picados
- Pepino inglés - ½, picado
- Rábanos pequeños enteros - 4 a 5, sin tallos, picados

- Cebollas verdes - 3, tanto blancas como verdes, picadas
- Cebolla roja - ½, picada
- Aceitunas Kalamata sin hueso - ½ taza, cortada a la mitad
- Perejil - 1 manojo, picado
- Menta - 10 a 15, picada
- Tomates Heirloom - 6 rebanadas
- Pita chips para servir

Instrucciones

1. Para hacer la vinagreta, bata la cáscara de limón, el jugo de limón y la mostaza en un recipiente. Agregue las hojuelas de pimienta trituradas, sal, pimienta, zumaque y aceite de oliva. Bata para mezclar. Deje a un lado.
2. Para hacer la ensalada, combine el atún de las latas con menta, perejil, aceitunas y verduras. Mezclar.
3. Rocíe la ensalada con la vinagreta. Mezcle, refrigere por 30 minutos y sirva.

Datos nutricionales por porción

- Calorías: 299
- Grasa: 19.2g
- Carbohidratos: 6.6g
- Proteína: 25,7 g

Ensalada mediterránea 3-ingredientes

Tiempo de preparación: 10 minutos	Tiempo total: 10 minutos	Porciones: 4

Ingredientes

- Tomates Roma - 6, cortados en cubos
- Pepino inglés - 1 grande, cortado en cubitos
- Perejil picado - ½ a ¾ de taza
- Sal y pimienta negra al gusto
- 1 cdta. de zumaque molido
- Aceite de oliva extra virgen - 2 cdas.
- Jugo de limón - 2 cdtas.

Instrucciones

1. Agregue el perejil, el pepino y los tomates en un tazón.
2. Añadir sal y reservar durante 5 minutos.
3. Agregue el resto de los ingredientes y mezcle.
4. Dejar reposar unos minutos y servir.

Datos nutricionales por porción

- Calorías: 105
- Grasa: 7.5g

- Carbohidratos: 9.8g
- Proteína: 2,3 g

Ensalada de espárragos asados con tomate y albahaca

Tiempo de preparación: 10 minutos	Tiempo de cocción: 20 minutos	Porciones: 6

Ingredientes

- Espárragos - 1.5 lb. recortados
- Sal
- Aceite de oliva extra virgen - 2 cucharadas, y más según sea necesario
- Queso Halloumi - 4 oz. cortado en cuadritos
- Tomates Uva - 3 tazas, cortados por la mitad
- Hojas de albahaca - 15, rotas

Para la vinagreta de jerez

- Vinagre de vino blanco o vinagre de Jerez reserva - ¼ de taza
- Aceite de oliva extra virgen - ¼ de taza
- Ajo - 1 diente, picado
- 1 cdta. de especias del zumaque

- Sal y pimienta

Instrucciones

1. Precaliente el horno a 400F.
2. Engrasar una fuente para hornear y colocar los espárragos sobre ella.
3. Espolvorear con sal y rociar con aceite de oliva. Revuelva para cubrir y extienda en una sola capa.
4. Ase en el horno hasta que estén tiernos, de 15 a 20 minutos. Retirar del horno y enfriar.
5. En una sartén, caliente 2 cucharadas de aceite de oliva.
6. Coloque los cuadrados de queso y fríalos en tandas, de 1 a 2 minutos por lado. Retirar cuando esté dorado. Escurrir el exceso de aceite y reservar.
7. Para hacer la vinagreta, bata el aceite de oliva con vinagre, sal, pimienta, zumaque y ajo.
8. Mezclar los tomates uva con el queso frito en un bol. Revuelva para cubrir con la vinagreta de jerez.
9. Ensamblar los espárragos asados en una fuente.
10. Cubra con la mezcla de queso y el tomate.
11. Agregue las hojas de albahaca y sirva.

Datos nutricionales por porción

- Calorías: 134
- Grasa: 9.5g

- Carbohidratos: 10.3g
- Proteína: 3,4 g

Capítulo 15: Pastas y cuscús

Pasta de frijoles y brócoli mediterráneos

Tiempo de preparación: 10 minutos	Tiempo de cocción: 20 minutos	Porciones: 6

Ingredientes

- Macarrones de codo de trigo integral - ¾ lb.
- Aceite de oliva extra virgen - ¼ taza
- Cebolla roja pequeña - 1, finamente picada
- Ajo - 6 a 8 dientes, picados
- Orégano seco - ½ tsp.
- Pimiento de Alepo - ½ tsp.
- Pimiento rojo triturado - ¼ tsp.
- Floretes de brócoli congelados - 1 lb. descongelados
- Frijoles canelini - 1 lata, escurridos y enjuagados
- Sal y pimienta
- Perejil fresco picado - 2 tazas
- Mezcla de especias mediterráneas - 1 ½ tsp.

- Queso parmesano rallado - 1/3 taza
- Piñones tostados - 1/3 taza

Instrucciones

1. Cocine la pasta según las instrucciones del paquete hasta que esté al dente. Reservar 1 taza del agua de cocción y escurrir la pasta.
2. Caliente el aceite de oliva en una olla grande.
3. Agregue las cebollas picadas y sofría durante 2 minutos.
4. Agregue las hojuelas de pimiento triturado, el pimiento de Alepo, el orégano y el ajo. Saltee hasta que esté fragante.
5. Añada los ramilletes de brócoli y cocine por 4 minutos.
6. Añada los frijoles y cocine por 3 minutos. Sazone con sal y pimienta.
7. Agregue la pasta y 1/3 de taza del líquido de cocción.
8. Agregue la mezcla de especias mediterráneas, el parmesano y el perejil.
9. Revuelva y ajuste el condimento.
10. Espolvorear con piñones tostados y servir.

Datos nutricionales por porción

- Calorías: 367
- Grasa: 11.8g

- Carbohidratos: 57.8g
- Proteína: 13 g

Ensalada de camarones, aguacate y pasta mediterránea

Tiempo de preparación: 15 minutos	Tiempo de cocción: 10 minutos	Porciones: 6

Ingredientes

- Jugo de limón - ¼ de taza
- 1 cdta. de cáscara de limón
- Orégano seco - 1 cda.
- 1 cdta. de pimentón dulce español
- Sal y pimienta
- Aceite de oliva extra virgen - 1/3 de taza

Para la ensalada de la pasta

- Pasta de coditos - 2 tazas
- Perejil fresco picado - 1 taza

- Menta picada - 1 taza
- Cebolla roja picada - ½ taza
- Pimiento verde - 1, picado
- Tomates cherry - 1 pinta, cortados por la mitad
- Aceitunas Kalamata - ½ taza, picadas
- Copos de pimienta al gusto
- Aguacates - 2 a 3, picados
- Camarones grandes cocidos - 12 oz.
- Queso feta griego - 4 oz. desmenuzado

Instrucciones

1. Cocine la pasta según las instrucciones del paquete hasta que esté al dente y luego escúrrala.
2. Mientras tanto, haga el aderezo: en un tazón, bata la sal, la pimienta, las especias, el ajo, el jugo de limón y la ralladura. Bata en aceite de oliva hasta que esté suave.
3. Añadir la pasta al aderezo.
4. Agregue el resto de los ingredientes excepto el feta, los camarones y el aguacate. Revuelva para mezclar bien. Reservar para que se enfríe.
5. Agregue los camarones y el aguacate antes de servir. Rocíe con aceite de oliva y mezcle.
6. Pruebe y ajuste el condimento como desee.
7. Servir.

Datos nutricionales por porción

- Calorías: 337
- Grasa: 18.6g
- Carbohidratos: 28.6g
- Proteína: 16,6 g

Pasta mediterránea de aceite de oliva

Tiempo de preparación: 10 minutos	Tiempo de cocción: 9 minutos	Porciones: 6

Ingredientes

- Espaguetis finos - 1 lb.
- Aceite de oliva - ½ taza
- Ajo - 4 dientes, machacados
- Sal
- Perejil fresco picado - 1 taza
- Tomates Uva - 12 oz. cortados a la mitad
- Escalpiones - 3, tanto verdes como blancos, picados
- Pimienta negra - 1 cdta.

- o Corazones de alcachofa marinados - 6 oz. escurridos
- o Aceitunas sin hueso - ¼ taza, cortada a la mitad
- o Queso feta desmenuzado - ¼ de taza
- o Hojas de albahaca fresca - de 10 a 15 años, desgarradas
- o Cáscara de 1 limón
- o Hojuelas de pimiento rojo trituradas

Instrucciones

1. Cocine la pasta de espaguetis según las instrucciones del paquete. Escurrir y volver a su olla.
2. Mientras tanto, calentar el aceite de oliva extra virgen en una sartén.
3. Bajar el fuego y añadir el ajo y la sal. Saltear durante 10 segundos.
4. Agregue los cebollines picados, los tomates y el perejil. Tape y caliente a fuego lento durante 30 segundos.
5. Agregue la salsa de aceite de oliva caliente a la pasta y revuelva para cubrirla.
6. Agregue pimienta negra y revuelva para cubrir.
7. Agregue el resto de los ingredientes y revuelva para cubrir bien.
8. Servir.

Datos nutricionales por porción

- Calorías: 389
- Grasa: 16.6g
- Carbohidratos: 51.1g
- Proteína: 10,7 g

Pasta mediterránea

Tiempo de preparación: 5 minutos	Tiempo de cocción: 15 minutos	Porciones: 6

Ingredientes

- Sal - 1 cdta.
- Pasta integral de cabello de ángel - 6 onzas
- Ajo - 4 dientes
- Tomates Uva - 2 tazas
- Corazones de alcachofa en cuartos - 1 lata
- Aceitunas negras enteras sin hueso - 1 lata
- Aceite de oliva - 3 cdas.
- Pimienta negra molida - ½ tsp.
- Hojuelas de pimiento rojo trituradas - ¼ tsp.

- Jugo de limón - ¼ de taza
- Queso parmesano rallado - ¼ de taza
- Perejil fresco italiano - ¼ taza

Instrucciones

1. Cocine la pasta según las instrucciones del paquete. Reservar ½ taza de la pasta y escurrirla.
2. Mientras tanto, prepare las verduras.
3. En una sartén, calentar el aceite de oliva a fuego medio.
4. Agregue 1 cucharadita de sal, pimienta, hojuelas de pimiento rojo trituradas, ajo y tomates. Saltee hasta que el ajo esté fragante, aproximadamente de 1 a 2 minutos.
5. Agregue la pasta a la sartén y revuelva para cubrirla.
6. Añadir las aceitunas y las alcachofas. Rocíe un poco de jugo de limón y sofría de 1 a 2 minutos.
7. Pruebe y ajuste la sazón. Añada un poco de agua de la pasta reservada si la pasta está demasiado seca.
8. Retirar del fuego y espolvorear con perejil y parmesano.
9. Revuelva y sirva.

Datos nutricionales por porción

- Calorías: 267
- Grasa: 13g
- Carbohidratos: 27g

o Proteína: 18 g

Pasta mediterránea rápida

Tiempo de preparación: 10 minutos	Tiempo de cocción: 15 minutos	Porciones: 4

Ingredientes

- o Aceite de oliva - 3 cdas.
- o Pechugas de pollo deshuesadas sin piel - 1 libra
- o Tomates secos - 1 taza,
- o 2 cucharadas de ajo picado
- o Pasta fresca de cabello de ángel - 1 libra
- o Albahaca fresca - ¼ taza
- o Corazones de alcachofa en agua - 1 taza (en cuartos y escurridos)
- o Aceitunas Kalamata - ½ taza, sin hueso
- o Queso feta - 6 onzas, desmenuzado
- o Crema espesa - ¼ de taza
- o Orégano seco - 2 cdtas.

- o   Sal y pimienta al gusto

Instrucciones

1. Cocine la pasta según las instrucciones del paquete hasta que esté al dente. Drenar.
2. Caliente el aceite de oliva en una sartén a fuego medio.
3. Dore las tiras de pollo en el aceite, unos 3 minutos por cada lado.
4. Luego agregue el ajo y los tomates secos a la sartén y sofría durante 2 minutos.
5. Ahora agregue el queso feta, las aceitunas, la albahaca y los corazones de alcachofa a la sartén.
6. Transfiera la pasta a un recipiente y agregue el pollo salteado a la pasta y mezcle.
7. Sazone con sal, pimienta y orégano.
8. Servir.

Datos nutricionales por porción

- o   Calorías: 714
- o   Grasa: 29.3g
- o   Carbohidratos: 70.8g
- o   Proteína: 42 g

Cuscús perla mediterránea

Tiempo de preparación: 15 minutos	Tiempo de cocción: 10 minutos	Porciones: 6

Ingredientes para la vinagreta

- Jugo de 1 limón
- Aceite de oliva extra virgen - 1/3 de taza
- 1 cdta. de hierba de eneldo
- 1 cucharadita de ajo en polvo
- Sal y pimienta

Para el Cuscús

- Cuscús perlado - 2 tazas
- Aceite de oliva extra virgen
- Agua
- Tomates Uva - 2 tazas, cortados por la mitad
- Cebollas rojas finamente picadas - 1/3 taza
- Pepino inglés - ½ finamente picado
- Garbanzos - lata de 15 oz.
- Corazones de alcachofa - Lata de 14 oz. picada
- Aceitunas Kalamata sin hueso - ½ taza
- Albahaca fresca - 15 a 20, picada

- Mozzarella fresca para bebé - 3 oz.

Instrucciones

1. Batir los ingredientes de la vinagreta en un bol. Deje a un lado.
2. Calentar 2 cucharadas de aceite de oliva en una olla.
3. Saltee el cuscús en el aceite hasta que esté dorado.
4. Añadir 3 tazas de agua hirviendo y cocinar según el envase. Drenar.
5. En un recipiente, combine los ingredientes restantes excepto la mozzarella y la albahaca.
6. Añadir la albahaca y el cuscús y mezclar.
7. Batir la vinagreta y añadirla al cuscús.
8. Mezcle y ajuste el condimento.
9. Mezclar en la mozzarella y decorar con más albahaca.
10. Servir.

Datos nutricionales por porción

- Calorías: 393
- Grasa: 13g
- Carbohidratos: 57 g
- Proteína: 13,1 g

Ensalada mediterránea de cuscús

Tiempo de preparación: 20 minutos	Tiempo total: 1 hora 20 minutos	Porciones: 8

Ingredientes

- Caldo de pollo - 1 taza
- Cuscús crudo - ¾ de taza
- 1 taza de tomates Roma cortados en cubos
- Pepino sin pelar en cubos - 1 taza
- Aceitunas Kalamata deshuesadas a la mitad - ½ taza
- Cebolla verde picada - ¼ de taza
- Hierba de eneldo fresca picada - ¼ de taza
- Jugo de limón - 2 cdas.
- Aceite de oliva - 2 cdas.
- Sal - 1/8 de cucharadita
- 2 cucharadas de queso feta desmenuzado

Instrucciones

1. Calentar el caldo hasta que hierva y añadir el cuscús. Retire del fuego y deje reposar por 5 minutos, tapado.

2. En un recipiente, coloque las cebollas, el eneldo, las aceitunas, el pepino y los tomates. Agregue el cuscús.
3. Bata el aceite, la sal y el jugo de limón hasta que estén bien mezclados.
4. Vierta sobre la mezcla de verduras y mezcle.
5. Tape y mantenga en el refrigerador por 1 hora.
6. Espolvorear con queso y servir.

Datos nutricionales por porción

- Calorías: 120
- Grasa: 5g
- Carbohidratos: 16g
- Proteína: 3 g

Ensalada mediterránea crujiente de cuscús

Tiempo de preparación: 15 minutos	Tiempo de cocción: 5 minutos	Porciones: 6

Ingredientes

- Cuscús cocido - 2 tazas
- Floretes de brócoli picados - 1 taza

Dieta mediterránea para principiantes

- Pepino inglés - 1, sin semillas y picado
- Pimiento rojo - 1, sin semillas y picado
- Tomate fresco - 1 picado
- Garbanzos - 1 lata (15 onzas), escurridos y enjuagados
- Queso feta desmenuzado - ½ taza
- Vinagreta casera de limón

Instrucciones

1. Preparar el cuscús y enfriar a temperatura ambiente.
2. Mezcle verduras picadas, cuscús y queso feta.
3. Sazone con sal y pimienta.
4. Agregue el aderezo, unas cuantas cucharadas a la vez.
5. Servir.

Datos nutricionales por porción

- Calorías: 232
- Grasa: 3g
- Carbohidratos: 50 g
- Proteína: 10 g

Ensalada mediterránea de cuscús II

Tiempo de preparación:	Tiempo de cocción:	Porciones:
20 minutos	10 minutos	6

Ingredientes para el aderezo

- Jugo de limón - 4 cdas.
- Vinagre de vino blanco - 1 cda.
- Aceite de oliva - 2 cdas.
- Ajo - 2 dientes, picados
- Azúcar -1 cdta.
- Condimento italiano - 1 cda.
- Sal al gusto
- Pimienta al gusto

Ensalada

- Cuscús - ¾ de taza, crudo
- Mantequilla - 1 cda.
- Pepino inglés - 1, picado
- Tomates cherry - 1 taza, cortados por la mitad
- Aceitunas - ½ taza, en rodajas
- Pimiento verde - 1, picado
- Cebolla roja mediana - 1/2, picada

- Queso feta - ¾ de taza, desmenuzada
- Menta - 3 cdas. picadas

Instrucciones

1. Cocine el cuscús según las instrucciones del paquete. Luego agregue la mantequilla y deje enfriar.
2. Bata todos los ingredientes del aderezo en un tazón.
3. Agregue el cuscús a un tazón grande y esponje con un tenedor.
4. Añadir el resto de los ingredientes de la ensalada.
5. Vierta el aderezo preparado y revuelva para mezclar.
6. Servir.

Datos nutricionales por porción

- Calorías: 231
- Grasa: 12g
- Carbohidratos: 24g
- Proteína: 6 g

Ensalada mediterránea de cuscús III

Tiempo de preparación:	Tiempo de cocción:	Porciones:
20 minutos	10 minutos	6

Ingredientes para el cuscús

- o Agua - 1 taza
- o Cuscús instantáneo - 6 onzas
- o Sal Kosher - ½ tsp.
- o Aceite de oliva extra virgen - 2 cdas.

Ensalada

- o Tomates Roma cortados en dados - ½ taza
- o Pepino inglés cortado en dados - ½ taza
- o Pimiento rojo en dados - ½ taza
- o Garbanzos en lata - ½ taza
- o Cebolla roja picada - ¼ de taza
- o Aceitunas Kalamata - ½ taza, sin hueso y en rodajas
- o 2 cucharadas dc queso fcta
- o 1 cdta. de perejil picado
- o 1 cdta. de menta picada
- o 1 cdta. de albahaca picada
- o Orégano seco - ¼ tsp.

Aderezo de limón

- 1 cdta. de cáscara de limón
- Jugo de limón - 2 cdas.
- Vinagre de vino tinto - 1 cda.
- Salt - ¼ tsp.
- Pimienta negra - ¼ tsp.

Instrucciones

1. En una sartén, agregue el agua, la sal y el aceite de oliva. Hierva, añada el cuscús y revuelva rápidamente. Apague el fuego y cúbralo.
2. Deje reposar el cuscús por 5 minutos, luego esponje con un tenedor y deje enfriar.
3. Ensalada: combine la cebolla roja, los frijoles, el pimiento, el pepino, los tomates, el cuscús, las aceitunas, el orégano, la albahaca, la menta, el perejil y el queso en un recipiente.
4. Bata los ingredientes del aderezo en un tazón.
5. Vierta el aderezo sobre la ensalada. Revuelva para combinar.
6. Servir.

Datos nutricionales por porción

- o Calorías: 91
- o Grasa: 7g
- o Carbohidratos: 3g
- o Proteína: 1 g

Cuscús preparado

Tiempo de preparación: 5 minutos	Hora de cocinar: 35 minutos	Porciones: 4

Ingredientes
- o Cuscús - 1 taza
- o Agua hirviendo - 1 taza
- o Aceite de oliva - 3 cdas.
- o Ajo - 1 diente, picado
- o Pimiento rojo en dados - ¼ de taza
- o Cebollas verdes - 4, rebanadas
- o Tomates cherry - 1 taza
- o Hojas de albahaca fresca - 1 taza
- o Sal

Dieta mediterránea para principiantes

- Pimienta negra molida
- Vinagre balsámico - 1 pizca
- Queso parmesano rallado - ¼ de taza

Instrucciones

1. Precaliente el horno a 350F.
2. Añada el cuscús al agua hirviendo y deje hervir.
3. Tape y retire del fuego. Deje reposar durante 5 minutos y luego esponje con un tenedor.
4. Mientras tanto, en una sartén, caliente el aceite a fuego medio.
5. Agregue los pimientos, las cebollas verdes y el ajo. Saltear brevemente.
6. Luego agregue el cuscús cocido, la albahaca, los tomates, la sal y la pimienta.
7. Mezcle y transfiera a una cacerola de 1 ½-quart. Añada vinagre encima.
8. Hornee en un horno precalentado de 350F por 20 minutos.
9. Espolvorear con parmesano y servir.

Datos nutricionales por porción

- Calorías: 299
- Grasa: 12.4g

- Carbohidratos: 38g
- Proteína: 9,1 g

Capítulo 16: Recetas de postres

Barras de postres no horneados

Tiempo de preparación: 15 minutos	Tiempo de cocción: 5 minutos	Porciones: 8

Ingredientes

- o Dátiles Medjool grandes - 26, sin hueso
- o Mitades de nogal - 26
- o Mantequilla sin sal - 2 barras
- o Miel - 3 a 4 cdas.
- o Extracto de coco - 1 ½ cdta.
- o Harina para todo uso - 1 ½ taza
- o Pistachos finamente picados - 1 taza

Instrucciones

1. Rellene cada cita con una mitad de nuez. Cercano a las mitades.
2. Engrasar un recipiente y ensamblar los dátiles rellenos en una sola capa.
3. Derrita la mantequilla y la miel en una sartén.

4. Añadir el extracto de coco y la harina. Revuelva por 5 minutos o hasta que se doren.
5. Vierta la mezcla de harina y miel encima de los dátiles. Deje reposar y cubra con pistachos picados.
6. Cortar el pastel de dátiles en barras.
7. Refrigere por 1 hora y sirva.

Datos nutricionales por porción

- Calorías: 509
- Grasa: 34.2g
- Carbohidratos: 48.7g
- Proteína: 7.7g

Pastel de miel griego

Tiempo de preparación: 10 minutos	Hora de cocinar: 30 minutos	Porciones: 15

Ingredientes para el pastel

- Huevos - 5
- Yogur griego bajo en grasa - 1 taza

- Azúcar granulada - 2 tazas
- Almendras molidas - 5 cdas.
- Cáscara de 1 limón
- Cáscara de 1 naranja
- Harina para todo uso - 1 ¼ de taza
- Sémola gruesa - 1 taza
- Polvo de hornear - 2 cdtas.
- Aceite de oliva virgen extra - ¾ de taza, más 1 cda.
- Almendras raspadas para cubrir - 1 puñado

Para el jarabe de miel de pistacho

- Pistachos sin cáscara salados - 1 taza ¼
- Miel - 1 taza ¼
- Jugo de 2 naranjas
- Jugo de 1 limón

Instrucciones

1. Precaliente el horno a 350F.
2. Engrase una bandeja para hornear (9″ x 13″) con mantequilla y espolvoree con harina.
3. En un recipiente, coloque todos los ingredientes de la torta. Batir para combinar.
4. Vierta la masa en el molde preparado y distribúyala uniformemente.

5. Hornee hasta que estén doradas, de 25 a 30 minutos. Retirar y enfriar.
6. Para preparar el jarabe de miel: tostar el pistacho en una sartén.
7. Agregue la miel una vez que los pistachos empiecen a oler. Añadir el zumo de limón y de naranja.
8. Deje hervir hasta que esté almibarado, de 1 a 2 minutos.
9. Haga agujeros en el pastel con un pincho.
10. Vierta el almíbar sobre el pastel y extiéndalo uniformemente, luego espolvoree con las almendras.
11. Cortar en cuadritos y servir.

Datos nutricionales por porción

- Calorías: 378
- Grasa: 10.3g
- Carbohidratos: 66.7g
- Proteína: 8 g

Galletas de canela con panecillos de miel

Tiempo de preparación: 15 minutos	Tiempo de cocción: 12 minutos	Porciones: 48 cookies

Ingredientes para la masa de galletas

- Azúcar en polvo - 1 ½ tazas, tamizadas
- Mantequilla sin sal - 1 taza, a temperatura ambiente
- Salt - ½ tsp.
- Polvo de hornear - ½ tsp.
- Extracto de vainilla - 2 cdtas.
- Huevo - 1
- Harina multiuso - 2 ½ tazas

Relleno de canela

- Mantequilla sin sal - 6 cdas.
- Azúcar moreno oscuro envasado - ¼ de taza
- 3 cucharadas de harina para todo uso
- Miel - 1 cda.
- Canela molida - 1 cda.
- Nuez moscada molida - ½ tsp.

Glaze

- Miel - 2 cdas.
- Leche entera - 1 cda.
- Extracto de vainilla - 1 cdta.
- Azúcar en polvo - ½ a ¾ de taza, tamizada

Otros

- o Canela molida para espolvorear

Instrucciones

1. Para hacer la masa de galleta, en un tazón, combine la mantequilla, el azúcar, la sal y el polvo de hornear.
2. Use un mezclador manual a baja velocidad para mezclar y aumente gradualmente la velocidad hasta que esté cremoso.
3. Agregue la vainilla y bata para mezclar, luego agregue el huevo y bata.
4. Añadir la harina y mezclar hasta que se forme la masa.
5. Convierta la masa en una bola. Aplane en un círculo y luego ruede en un rectángulo (13 x 14 pulgadas).
6. Para hacer el relleno: mezcle la harina, la mantequilla, el azúcar moreno, la canela, la miel y la nuez moscada en un recipiente. Bata durante 2 minutos o hasta que esté suave y suave.
7. Extender el relleno sobre la masa hasta cubrir toda la superficie.
8. Enrolle bien la masa. Envolver la masa con plástico y congelar durante 1 hora.
9. Precaliente el horno a 350°F y forre una bandeja para hornear con papel de pergamino.
10. Retirar la masa y retirar el envoltorio.

11. Corte en discos gruesos de galletas de ¼ pulgadas y colóquelos en las bandejas para hornear.
12. Hornee de 12 a 14 minutos, o hasta que las galletas se doren. Retirar y enfriar.
13. Para hacer el glaseado, combine los ingredientes del glaseado en un tazón y mezcle.
14. Rocíe el glaseado sobre las galletas enfriadas y espolvoree con canela.
15. Servir.

Datos nutricionales por porción

- Calorías: 122
- Grasa: 5g
- Carbohidratos: 19.2g
- Proteína: 0,9 g

Basbousa

Tiempo de preparación: 15 minutos	Hora de cocinar: 45 minutos	Porciones: 8

Ingredientes

- Mantequilla sin sal - ½ taza, más 2 cdas.

- Azúcar - 1 taza
- Yogur natural - 1 taza
- Sémola fina - 1 taza
- Sémola gruesa - 1 taza
- Leche - 1/3 taza
- Polvo de hornear - 1 cdta.
- Coco rallado edulcorado - ¼ de taza
- Almendras laminadas - ¼ de taza

Jarabe

- Azúcar - 1 ½ taza
- Agua - 1 ¾ taza
- Canela en rama corta - 1
- Jugo de limón - ¼ tsp.

Instrucciones

1. Precaliente el horno a 350F.
2. Derretir la mantequilla en el microondas y reservar.
3. Mezcle el yogur y el azúcar en un tazón. Añadir la leche, el polvo de hornear y la sémola.
4. Agregue la mantequilla derretida y deje reposar por unos minutos.
5. Engrasar ligeramente un molde redondo de 9 pulgadas y vertir la mezcla de sémola.

6. Hornee de 40 a 45 minutos a 350F. Ase brevemente si quiere darle un poco de color.
7. Mientras tanto, haga el jarabe: en una olla, combine el agua, el azúcar y la canela.
8. Lleve a ebullición, luego baje el fuego para que hierva a fuego lento. Continúe removiendo hasta que el jarabe espese.
9. Retire del fuego y agregue el jugo de limón. Dejar enfriar y retirar la canela.
10. Retire el basbousa del horno y vierta instantáneamente el jarabe frío sobre el basbousa caliente.
11. Enfriar completamente. Cubra con coco y almendras.
12. Cortar y servir.

Datos nutricionales por porción

- Calorías: 625
- Grasa: 22g
- Carbohidratos: 99.8g
- Proteína: 9.7g

Tarta de pera francesa

Tiempo de preparación: 15 minutos	Tiempo de cocción: 1 minuto	Porciones: 8

Ingredientes para la corteza

- o Harina para todo uso - 1 ½ taza
- o Azúcar - 5 cdas.
- o Sal - ½ tsp.
- o Mantequilla sin sal - 12 cdas. derretida

Relleno

- o Peras grandes - 8, lavadas y cortadas en rodajas de ½ pulgada
- o Mantequilla sin sal - 3 cdas.
- o Agua - 1 cda.
- o Mermelada de higos - ¾ de taza
- o Sal - ¼ tsp.

Instrucciones

1. Coloque una rejilla en el centro y otra en la parte superior. Precaliente el horno a 350F.
2. En un recipiente, mezcle el azúcar, la harina y la sal. Añadir la mantequilla derretida y mezclar para hacer una masa.
3. Transfiera la masa a un molde para tartas de 9 pulgadas. Use sus manos para extender la masa en el fondo y en los bordes de la sartén.
4. Hornee en la rejilla del medio hasta que la corteza se vuelva dorada, aproximadamente 30 minutos.

5. Retirar y dejar enfriar. Mantén el horno encendido.
6. Calentar las conservas de higos en el microondas durante 40 segundos y colar.
7. En una sartén, caliente 1 cucharada de mantequilla. Añada 1 cucharada de agua y 5 peras en rodajas.
8. Cocine por 3 minutos o hasta que estén ligeramente tiernos. Retirar y enfriar.
9. Derrita 2 cucharadas de mantequilla en la misma sartén y agregue las 3 peras rebanadas restantes, sal y trozos de conservas de higos.
10. Tape y cocine a fuego medio hasta que esté muy tierno, unos 10 minutos.
11. Triturar la mezcla de peras cocidas en un puré con un pasapurés.
12. Cocine hasta que la mezcla de puré espese, aproximadamente de 5 a 7 minutos.
13. Distribuya el puré de pera y pera uniformemente sobre la corteza enfriada.
14. Colocar las rodajas de pera enfriadas en círculos en capas encima.
15. Colocar la tarta en la rejilla central del horno y hornear durante 30 minutos a 350F.
16. A continuación, retire la tarta del horno y cepille la superficie con líquido de higos calentado.
17. Vuelva al horno y colóquelo en la rejilla superior.

18. Ase hasta que la tarta tenga un aspecto caramelizado. Mira con atención.
19. Retirar del horno y enfriar durante 1 hora antes de servir.
20. Cortar y servir.

Datos nutricionales por porción

- Calorías: 448
- Grasa: 22.1g
- Carbohidratos: 63 g
- Proteína: 3,5 g

Baklava

Tiempo de preparación: 25 minutos	Hora de cocinar: 45 minutos	Porciones: 36

Ingredientes

- Pistachos sin cáscara - 6 oz. picados (reservar de 3 a 4 cucharadas para adornar)
- Nueces - 6 oz. picadas

- Avellanas - 6 oz. picadas
- Azúcar - ¼ de taza
- Canela molida - 2 cdas.
- Clavo de olor molido - 1 pizca grande
- Masa de filo - 16 oz. descongelada
- Mantequilla sin sal - 18 cdas. derretida

Jarabe de miel

- Azúcar - ¾ de taza
- Agua fría - 1 taza
- Miel - 1 taza
- Extracto de naranja - 1 cda.
- Clavo de olor entero - 5
- Jugo de 1 limón

Instrucciones

1. En un tazón, combine los pistachos, los clavos molidos, la canela y el azúcar ¼-de taza. Revuelva para mezclar.
2. Precaliente el horno a 350F.
3. Engrase un molde para hornear con mantequilla derretida. Coloque una lámina de hojaldre en la bandeja para hornear. Unte con mantequilla y doble el exceso.
4. Repita con hojas de filo y mantequilla hasta que haya consumido 1/3 del paquete de filo. Distribuya

uniformemente la mitad de la mezcla de nueces sobre la hoja superior.

5. Ponga otro tercio de las hojas de filo encima (unte cada una con mantequilla) y esparza la mitad restante de la mezcla de nueces sobre la capa superior.
6. Poner en capas el resto de las láminas de filo. Recortar el exceso de filo y untar la capa superior con más mantequilla.
7. Corte ½-pulgada de profundo, en líneas diagonales y haga 1 ½-pulgadas piezas de diamante.
8. Hornee en un molde bajo hasta que se dore, de 45 minutos a 1 hora. Inserte un pincho y compruébelo. Comprueba la baklava a mitad de cocción.
9. Mientras tanto, haga el jarabe de miel: añada el azúcar y el agua en una cacerola, caliente y revuelva de vez en cuando hasta que el azúcar se disuelva.
10. Añada los clavos de olor enteros, la miel y el extracto de naranja.
11. Deje hervir, baje el fuego y cocine a fuego lento por 25 minutos. Retirar y enfriar.
12. Retirar los clavos enteros y añadir el zumo de limón.
13. Retire el baklava del horno y vierta el sirope enfriado encima.
14. Deje a un lado para que el jarabe se absorba.
15. Cortar la baklava unas horas más tarde.

Datos nutricionales por porción

- o Calorías: 229
- o Grasa: 14.5g
- o Carbohidratos: 23.7g
- o Proteína: 3,4 g

Melocotones asados y crostini de yogur griego

Tiempo de preparación: 10 minutos	Tiempo de cocción: 20 minutos	Porciones: 8

Ingredientes

- o Yogur griego - 1/3 de taza
- o Queso crema - 6 oz. ablandado
- o Cáscara de una naranja
- o Azúcar - 1/3 taza
- o Nuez moscada molida - 1 pizca
- o Canela molida - 1 pizca
- o Melocotones - 3, sin corazón y cortados en rodajas finas
- o Jugo de naranja - 3 cdas.
- o Crostini/Rebanadas de baguette francés - 8, tostadas
- o Mitades de pacana picadas - ¼ de taza

- Miel para rocear

Instrucciones

1. Mezcle el azúcar, la ralladura de naranja, el queso crema, el yogur, la nuez moscada y la canela en un procesador de alimentos. Mezcle hasta que quede esponjoso.
2. Colóquelo en un tazón y refrigérelo hasta que esté listo para usar.
3. Precaliente el horno a 425F.
4. En un recipiente, mezcle el jugo de naranja y los melocotones.
5. Seque ligeramente los melocotones con palmaditas. Forre una bandeja para hornear con pergamino y coloque los melocotones.
6. Hornee durante 20 a 25 minutos a 425F.
7. Unte las rebanadas de baguette con la mezcla de yogur y cubra con nueces picadas y dos rebanadas de los melocotones asados.
8. Rocíe un poco de miel sobre cada crostini y sirva.

Datos nutricionales por porción

- Calorías: 429
- Grasa: 27.1g
- Carbohidratos: 41.5g

- Proteína: 9,6 g

Tarta de ricotta de naranja

Tiempo de preparación: 15 minutos	Hora de cocinar: 45 minutos	Porciones: 12

Ingredientes

- Mantequilla para la sartén
- Azúcar moreno - ½ taza
- Agua - 1 cda.
- Cáscara de 2 naranjas, 1 rebanada
- Ricotta parcialmente descremada - 1 ½ taza
- Aceite de oliva extra virgen - ¼ de taza, más 2 cdas.
- Extracto de vainilla - ½ tsp.
- Huevos - 3
- Harina para todo uso - 1 ½ taza
- Polvo de hornear - 2 cdtas.
- Salt - ¾ tsp.
- Azúcar granulada - ¾ de taza
- Azúcar de confitería para espolvorear

Instrucciones

1. Precaliente el horno a 325F.
2. Engrase una bandeja para hornear de 9 pulgadas con mantequilla (en la parte inferior y en los lados) y luego cubra la parte inferior con un papel de pergamino.
3. Derretir el azúcar morena en el agua para hacer una pasta espesa y pastosa. Untar el fondo del molde con la mezcla.
4. Coloque las rebanadas de naranja en la parte inferior de la sartén (encima de la capa de azúcar).
5. Bata el aceite de oliva, el ricotta y la vainilla en un tazón. Uno a la vez, agregue los huevos y bata para mezclar.
6. Tamizar la harina, la sal y el polvo de hornear directamente sobre los ingredientes húmedos. Bata para mezclar.
7. Mezclar la cáscara de naranja y el azúcar y añadir a la mezcla. Mezclar de nuevo la masa para combinarla bien.
8. Vierta la masa en la sartén preparada y hornee en el horno hasta que un palillo de dientes salga limpio (cuando se inserte en el centro), aproximadamente 45 minutos. Revisar el pastel a los 40 minutos. El pastel puede durar hasta 1 hora. El tiempo depende del horno.
9. Enfríe, corte y sirva.

Datos nutricionales por porción
- Calorías: 179

- o Grasa: 8.4g
- o Carbohidratos: 20.1g
- o Proteína: 6,2 g

Tarta de zanahoria

Tiempo de preparación: 10 minutos	Tiempo de cocción: 1 hora	Porciones: 12

Ingredientes

- o Aceite de oliva extra virgen
- o Yogur griego bajo en grasa - ½ taza
- o Leche con 2% de grasa reducida - 1/3 de taza
- o Miel oscura - ½ taza
- o Huevos - 3
- o Harina de trigo integral - 2 ¼ de taza
- o Polvo de hornear - 1 ½ cdta.
- o Sal - ½ tsp.
- o Canela molida - 4 cdtas.
- o Cardamomo molido - ½ tsp.
- o Jengibre molido - ¼ tsp.
- o Zanahorias finamente ralladas - 2 tazas

- o Dátiles Medjool - 6, deshuesados y finamente picados
- o 1/3 de taza de nueces picadas
- o Azúcar en polvo para espolvorear

Instrucciones

1. Precaliente el horno a 350F.
2. Bata la leche, el yogur y el aceite de oliva en un tazón. Uno a la vez, agregue los huevos y bata para combinar.
3. Bata las especias, la harina, el polvo de hornear y la sal en otro recipiente.
4. Añadir lentamente los ingredientes secos a los húmedos. Mezclar.
5. Doble las zanahorias y mezcle para combinarlas. A continuación, añada nueces y dátiles. Mezclar.
6. Forre una bandeja para hornear cuadrada de 9 pulgadas con papel de pergamino y vierta la masa en la bandeja.
7. Hornee en el horno durante 1 hora a 350F. Compruébelo con un palillo de dientes.
8. Enfriar completamente y espolvorear con azúcar en polvo.
9. Cortar en cuadrado y servir.

Datos nutricionales por porción

- o Calorías: 167
- o Grasa: 8.6g

- Carbohidratos: 20.2g
- Proteína: 5 g

Conclusión

La dieta mediterránea ofrece una serie de beneficios para la salud, incluyendo la salud del corazón y del cerebro, la pérdida de peso, el control de la diabetes y la prevención del cáncer. Comenzar una nueva dieta puede parecer abrumador. Este libro le guiará a través de todo lo que necesita saber sobre la dieta mediterránea. Este delicioso libro de cocina mediterránea le ofrece más de 60 comidas sencillas y llenas de verduras frescas, pescado, mariscos, frutas, granos enteros y aceite de oliva saludable para el corazón, y realmente cambiará toda su vida de manera abrumadora.

Gracias

Antes de que se vaya, sólo quería darle las gracias por comprar mi libro.

Podría haber escogido entre docenas de otros libros sobre el mismo tema, pero se arriesgó y eligió éste.

Así que, un ENORME agradecimiento a usted por conseguir este libro y por leer todo hasta el final.

Ahora quería pedirle un pequeño favor. **¿Podría considerar la posibilidad de publicar un comentario en la plataforma? Las reseñas son una de las formas más fáciles de apoyar el trabajo de los autores.**

Esta retroalimentación me ayudará a continuar escribiendo el tipo de libros que le ayudarán a obtener los resultados que desea. Así que si lo disfrutó, por favor, hágamelo saber.

www.ingramcontent.com/pod-product-compliance
Lightning Source LLC
Chambersburg PA
CBHW050318120526
44592CB00014B/1960